LE VILLAGE DE BÔ
SOUS LA MENACE D'UNE MÉTÉORITE

Dr Mahamadou KONATÉ

LE VILLAGE DE BÔ
SOUS LA MENACE D'UNE MÉTÉORITE

© L'Harmattan, 2021
5-7, rue de l'École-Polytechnique ; 75005 Paris

http://www.librairieharmattan.com

ISBN : 978-2-343-22618-7
EAN : 9782343226187

A mon père,
Qui m'a attaché mains et pieds,
Et jeté dans la gueule du savoir…
Et depuis, j'oscille entre la vie et la mort.

Chapitre I :

Décor du Village-Etat

Le Village de Bô était au départ la capitale du Royaume des Bô, fondé en l'an 811 de notre ère. Ce royaume comptait en son sein 110 Villages-Régions. Il fut le théâtre de plusieurs guerres légendaires, dont la guerre de résistance contre la toute première pénétration française en terres africaines, à laquelle malheureusement le royaume n'a pas survécu dans sa forme unitaire. Mais, jamais les colons n'ont pu mettre pied dans la capitale sacrée, qui a repris le nom de Bô et s'est constitué en Village-Etat autonome.

Il se situait dans la région sahélienne, à l'Est du Mali actuel, sur une falaise difficile d'accès mais traversée à l'ouest de son territoire, par un affluant du fleuve Niger.

Pendant la saison des pluies, les habitants cultivaient en abondance sur les terres achetées des Villages voisins, et sur leurs propres surfaces aménagées avec ingéniosité, à l'aide des tonnes de bancos fertiles transportées des plaines avoisinantes. Leur surplus de récolte était bien conservé dans de greniers publics, en vue de prévenir la sécheresse de la saison chaude.

Cette dernière était l'occasion de festivités grandioses, des cérémonies d'initiation des jeunes aux maniements des armes et aux sujets culturels ancestraux, jusqu'alors défendus à leur égard. À cette saison plus qu'à une autre, les mariages aussi se faisaient fréquemment. Les nuits, quant à elles, étaient les fées des amoureux où on chantait et dansait, sous le puissant projeteur de la lune.

C'était la saison privilégiée des anciens, pour renouveler les institutions politiques du Village dont la Chefferie et les principaux Conseils. En plus, ils restauraient ou rénovaient leurs domiciles et les édifices publics.
En ces occasions, les femmes cuisinaient ensemble sur la grande place publique située au centre du Village, des mets délicieux qu'elles apportaient ensuite, au rythme de

leurs voix mélodieuses et des clappements de leurs mains, aux pieds des hommes affairés à confectionner les toits de paille et crépir les murs de banco. C'était de beaux spectacles de solidarité humaine, qui consolidaient davantage et sans doute le vivre-ensemble. Chaque action publique à Bô était jugée à l'aune de cette noble vertu. Mais, cela ne veut nullement dire qu'il n'y avait pas de divergence d'opinions et parfois même, des disputes internes.

Il y avait dix « Grins » politiques formés autour de trois classes sociales : les forgerons, les éleveurs et les commerçants. Ils devenaient tous, pendant l'hivernage, des cultivateurs, pendant la guerre, des militaires et au besoin des manœuvres. Fréquemment, durant l'hivernage, des conflits éclataient entre cultivateurs et éleveurs à propos de champs saccagés par des troupeaux de bœufs, finissant souvent par la sentence du grand vestibule, en l'occurrence celle du Chef de Village. Des fois, c'était des affaires d'adultère qui déchiraient les familles. Comme ce fut le cas, en l'an 995, du fameux Nièniké BONTOU. Celui-ci, bien qu'il ait eu 7 épouses, 40 enfants et fondé son propre hameau, il avait tout de même engrossé sa belle fille sous sa garde, confiée à ses soins, par son fils parti en aventure. Etant un homme puissant et sa mère une prophétesse, il était craint par la classe politique de son temps ; et jusqu'à l'arrivée du téméraire Chef de Village, Bléintin KONAN, son forfait resta impuni.

Mais, le Village de Bô était pour l'essentiel paisible, perdu dans un paysage singulier. Il était ombré à l'Est par une forêt réputée hantée par les djinns, où seuls les chasseurs aux milles magies s'aventuraient pendant la saison chaude, à la recherche de gibiers et de perdrix. Les routes qui reliaient sa capitale au reste de ses hameaux, et à d'autres Villages, n'étaient pas bien faites. Elles étaient tortueuses et impraticables pendant la saison des pluies. Il fallait 2 jours pour relier deux Villages à une distance de 70 kilomètres. Mais la souffrance du voyageur était atténuée par l'hospitalité profonde dans les bourgades qui parsemaient le chemin. L'eau, la nourriture et une place pour dormir étaient offertes aux passants en nécessité, sans rien demander en retour qu'une bonne conversation sur leurs destinations et les nouvelles de leurs Village d'origine.

En plus, les marchés hebdomadaires n'étaient pas bien structurés, des produits venaient à manquer à cause du manque d'organisation de la chaine de production entre les différents Villages et hameaux. La médecine traditionnelle était efficace mais subissait la même tare. Mais, louange au Ciel, aucun pauvre ne mourrait de faim ou de maladie à cause de son indigence. Du trésor public, vingt pour cent des ressources étaient alloués à la charité sociale.

C'était un Village relativement riche et bien défendu. Chaque famille possédait au moins un champ et des armes, et chaque homme était initié au combat. Une telle forteresse ne pouvait être envahie par ses ennemis. C'est pourquoi, ils avaient toujours régné en maîtres pendant des siècles dans toute la région ouest-africaine.

Mais leur sécurité, les citoyens l'expliquaient par la présence d'une jument sacrée qu'ils vénéraient chaque année sur la colline du Chef. Tant qu'elle était là, rien ne pouvait leur arriver, croyaient-ils. Tous les chefs avaient dû entretenir cette superstition, des plus espiègles aux moins pourvus.

Autant de sujets qui alimentaient les débats politiques, après la saison des récoltes et sous le grand baobab, pendant que les femmes en files indiennes transportaient les jarres d'eau du fleuve, ou s'occupaient des enfants ou de la cuisine. En effet, les femmes étaient délibérément maintenues dans leur condition de soumission à l'homme, et elles ne se plaignaient guère. Parce qu'elles l'avaient accepté, leur corvée ne leur inspirait aucun sentiment d'égalité avec l'homme. Elles donnaient vie à l'homme, mais elles se considéraient inférieures à lui. Elles en tiraient même une certaine fierté. Parce qu'elles ne participaient pas aux guerres entre les hommes ; d'ailleurs, devant chaque danger de violence contre elles, ne trouvaient-elles pas en parade des poitrines d'homme ? De plus, elles ne bravaient pas pendant la nuit les djinns dans la forêt, à la recherche de nourriture, bien qu'elle en cultive autant que lui sous le soleil. L'illusion d'être protégée par l'homme lui faisait vivre son exploitation comme un privilège. C'est un artifice manipulatoire aussi vieux que le monde. L'image, la perception, c'est là le secret de la domination.

Et on approchait des campagnes électorales où tous ces sujets étaient plus ou moins abordés, avant d'être ensuite relégués dans les oubliettes. C'était devenu depuis quelques décennies l'événement le plus important en temps de paix.

Depuis la tentative échouée de colonisation française au XVIème siècle, la politique a connu un nouveau tournant. Le Royaume s'est éclaté en 111 petits Villages-Etats. Le roi Donzokoun n'avait pas su préserver la cohésion nationale. Ses vindictes répétitives contre la faiblesse des gouverneurs des régions transfrontalières, avait fini par précipiter ces derniers dans des alliances rugueuses avec les blancs et les royaumes voisins hostiles. Après de maintes tentatives infructueuses de récoler les morceaux, qui dura au moins un demi siècle, le roi vieillissant finit par se concentrer sur sa capitale de Bô. Un demi-siècle plus tard, son deuxième héritier, le roi Siraman transforma le Village de Bô en République, sur fond de querelles au sein de la famille royale et entre elle, et de puissantes tribus nationales. Après cette libéralisation de l'ascension au pouvoir, une compétition politique vicieuse s'est installée, et commençait à choquer et anéantir la morale publique.

Elle était devenue dans le Village de Bô un jeu où tous les coups sont permis, une arène où les armes les plus efficaces pour gagner sont le mensonge, l'hypocrisie et la diversion. Malgré cette déliquescence de l'organisation politique et des querelles intestines, les citoyens de Bô sont restés des hommes fiers, hostiles à l'unisson contre toute tentative de subversion étrangère.

Cependant, en l'an 1811, un homme atypique, descendant d'anciens guerriers et rois de Bô est rentré dans la course politique pour la chefferie, et réclamait la moralisation de la vie publique ; on l'appelait par révérence le prince[1] Babè.

---

[1] - A Bô, malgré le changement de système politique, le peuple conserva le titre de prince pour les fils de Chef qu'il admire.

Chapitre II :

Campagne électorale pour un nouveau Chef

Cela faisait bientôt sept ans que le Village-Etat n'avait pas renouvelé ses instances politiques. En cette saison chaude de l'an 1811, le Chef de Village sortant Dougoutigui BONNA et ses onze conseillers se préparaient à passer la canne de commandement à la future équipe gouvernante. La traditionnelle rencontre d'adieu du grand vestibule cheffale[2] fut convoquée sur la place publique. Les onze quartiers et les vingt un hameaux du Village, tous furent invités. En l'occurrence, la présence des délégués généraux des quartiers et hameaux était obligatoire, ainsi que celle des capitaines des onze grins politiques.

La nouvelle date de l'évènement, avant d'être colportée dans les quatre coins du Village par les bons soins du Maître griot, avait d'abord été auscultée et approuvée par le Maître charlatan. En effet, dans ce Village, aucune décision majeure prise par le Conseil du Chef et engageant la collectivité n'était communiquée au public, qu'après avoir obtenu la faveur des Bois sacrés. Le Maître charlatan était leur voix autorisée. Il ne jugeait pas du bien-fondé des décisions, mais de leur opportunité et des risques qu'elle entrainait. Il arrivait parfois que faute de son aval, l'exécution des décisions fût reportée en attendant une meilleure fortune. Heureusement, en l'espèce, ce ne fut pas le cas. Aucune tentative d'assassinat sur les leaders, aucun risque de guerre pendant la saison de campagne, la rencontre d'adieu pouvait être organisée et la nouvelle campagne électorale, lancée.

Cet après-midi, la place publique était archicomble. Des jeunes, des femmes, des vieux, les représentants des onze grins politiques, ceux des vingt un hameaux, tout le monde y était à l'exception des non-circoncis, auxquels l'accès à la place était interdit.

---

[2] - Appartenant ou relatif au chef.

Le Chef de Village, majestueusement assis sur son cheval blanc-rouge, accompagné à pied de ses onze conseillers et de sa famille, arrivèrent les derniers sur le lieu.

Pour la circonstance et compte tenu de la solennité de l'évènement, le Maître griot était relayé par 4 autres griots, chacun placé à l'un des quatre points géographiques de la place. Le Maître griot faisait office de maître de cérémonie, et tous ses propos étaient systématiquement relayés par les quatre autres griots.

Le Maître griot, après l'annonce de l'arrivée de la délégation cheffale et leur installation, reprit la parole et déclinait les propos introductifs suivants :

- Moi, Balabo SISSOKO, fils de Baramba, de la grande famille griote des SISSOKO, vous salue. Depuis des générations, à Bô, notre famille a accompagné la royauté et la chefferie. Jamais, aucun de nos patriarches ne fut déclaré indigne de les servir. Ils ont accompagné les rois et les Chefs de Bô dans leurs familles, dans leurs palais, dans leurs fêtes et dans leurs guerres. Ils ont été leurs intimes conseillers, leurs humbles ambassadeurs et leurs patients historiens.
Je suis fier d'appartenir à cette noble famille. Je voudrais saluer mes frères griots, des grandes familles Kouyaté et Massedé. Ils m'ont fait confiance, il y a vingt un ans, pour présider en leur nom auprès de notre vénéré défunt Chef de village, Gouloukoto COULIBALY. Gouloukoto était un grand Chef. A lui, succéda Nèrèba DIALLO, que voici, assis aujourd'hui en humble serviteur de l'Etat. Il n'a jamais violé les totems. Il a toujours respecté ses engagements.
Aujourd'hui, c'est le tour de Bonna KANTE de rendre le dépôt. Depuis la naissance de notre jeune démocratie, il y a un siècle, tous les Chefs ont

respecté la limite du septennat. A Bô, il n'y a que des hommes de parole ; vous n'êtes pareils à nul autre homme sur terre, surtout pas aux blancs qui sont versatiles, volatiles, et n'honorent rarement que le papier. Pour nous, la parole donnée suffit. C'est seulement ici, qu'ils ont connu la résistance la plus farouche et la défaite la plus cuisante. Ils voulaient détruire Bô, Bô est encore débout...
[Cris de joie de la foule]

> Bonna KANTE va prendre la parole pour la dernière fois...en tant que votre Chef, et devant tous, ici, réunis. Ah ! Les hommes commandent, les hommes passent... C'est ainsi... Il vous dira en vérité ce qu'il a fait, ce qu'il a réussi et ce qui l'a tenu en échec. Il fera son bilan et vous annoncera les candidats à sa succession. Et cela sonnera la cloche du début de la campagne électorale.
>
> Bonna, KANTE ! Descendant du grand roi des Sosso ! KANTE ! Parle, nous sommes impatients de t'entendre.
>
> Citoyens de Bô ! Votre attention ! Votre Chef Bonna KANTE va prendre la parole.

A ces mots, le Chef se leva et s'approcha du Maître griot au-devant du public, assis et tout ouï. Bonna prit la parole et le Maître griot et ses relais répétaient phrase par phrase tout ce qu'il disait :

- Distinguées salutations à cette auguste assemblée, des plus jeunes aux plus vieux, des femmes aux hommes ! Bienvenue à vous tous qui avez fait le déplacement ; à mes chers délégués dans les vingt un hameaux et à mes chers conseillers. Une mention spéciale doit être faite à propos de la présence remarquable de l'ancien Chef de Village Nèrèba DIALLO, il ne s'est pas dérobé à la tradition. Il a fait le déplacement malgré son grand âge. Il a servi l'Etat dignement, du mieux qu'il pouvait, et a toujours eu une oreille attentive à mon égard à chaque fois que je le sollicitais. Les anciens ont coutume de le dire, c'est un bon présage pour un souverain, qu'en son temps de commander vive un illustre prédécesseur. J'ai bien heureusement vécu ce vieux dicton malinké.

Cependant, lorsque j'ai pris les commandes de ce grand Village en 1804, il y a exactement sept ans, nous étions confrontés à de multiples défis internes et externes. A l'intérieur du pays, nous devions faire face entre autres: à la formalisation et à l'échelonnement de l'enseignement secondaire et supérieur ; à la construction d'un nouveau barrage pour irriguer nos terres arides du Nord ; à la construction de nouvelles fabriques pour transformer nos produits locaux ; au renforcement de l'émancipation des femmes pour qu'elles fassent au grand jour ce qu'elles font déjà la nuit derrière les rideaux ; à la sauvegarde de nos valeurs traditionnelles positives et au maintien d'un climat politique apaisé. Au plan extérieur, nous devions être constamment préparés à la guerre, car les toubabs n'ont pas renoncé à vouloir nous enchaîner. En Afrique noire, nous représentons la liberté à étouffer à tout prix, le nid d'or à cacher des regards envieux, le soleil dont il faut cacher la vue aux autres peuples frères asservis. Oh ! Que non ! Nous sommes et demeurerons la cime de la montagne qu'ils ne peuvent jamais atteindre, et la masse de valeurs qu'ils ne peuvent point cerner…[Applaudissements nourris du public]

Nous devions également continuer à nouer des alliances fortes et à aider nos Villages voisins asservis, à recouvrer leur liberté et grandeur. Notre objectif a toujours été en la matière que les 111 Villages Bô soient tous libres et puissent reconstituer le grand Royaume de Bô d'antan. [Applaudissements]

Au plan des réalisations internes, mon Conseil est fier de noter des succès et de reconnaitre des limites:

- Au titre des succès, nous avons pu terminer le grand barrage du Nord, initié sous l'ère de mon illustre prédécesseur, qui fournit à notre peuple tant de bienfaits qu'il serait fastidieux d'énumérer ici ; nous avons pu construire 7 nouvelles écoles pour le niveau intermédiaire initiatique aux sciences traditionnelles de Bô et élaborer le projet de création du niveau supérieur de formation aux sciences traditionnelles et modernes ; nous avons entamé les travaux de construction d'un complexe hospitalier capable de répondre à nos besoins dans les quinze ans à venir ; nous avons réussi à mettre en place des moyens et techniques de fabrication d'armes modernes pour renforcer l'arsenal tactique à la disposition des nos armées, une fois mobilisées ; toutes les petites ou grandes choses réalisées et non citées ici, n'ont pas nécessité un engagement politique particulier de ma part ou de la part de mon Conseil. Il y a de ces choses de bien qui se feront toujours quelque soit la qualité des autorités politiques en place. En fait, elles sont inhérentes au fonctionnement normal d'un système fait d'hommes et de ressources.

- Au titre des limites, il y a ce conflit centenaire latent avec le Village de Niakané que nous n'avons pas pu résoudre ; jusqu'à aujourd'hui il n'y a aucune relation diplomatique permanente entre nos deux Etats. Cet autre conflit non encore résolu est celui que les envahisseurs Toubabs nous ont imposé sans succès, depuis soixante un ans. Actuellement, avec eux, nous sommes dans une situation de ni guerre ni paix, ce qui revient stratégiquement à l'état de guerre, car nous sommes obligés d'être, à leur égard, permanemment sur le qui-vive. Certes, la jument sacrée nous protège mais nous ne devons jamais baisser la vigilance.

En plus, nous n'avons pas pu atteindre l'autosuffisance alimentaire car nous continuons d'importer certaines denrées des Villages voisins. Nous n'avons pas pu lever de nouveaux impôts ces dernières années pour financer d'autres projets que nous avons pour nos jeunes et nos femmes, à cause en partie des effets persistants de la crise sanitaire et économique de l'an 1808. Heureusement, le Conseil qui nous succédera pourra bénéficier d'un climat économique plus favorable.

Voilà chers compatriotes, en résumé, le bilan de notre septennat. C'est l'œuvre des hommes en qui vous avez placé votre confiance. Ce bilan n'est peut-être pas luisant, mais il a le mérite d'avoir été exécuté en parfaite intelligence avec vous. Vous saviez exactement ce que nous faisions, et vous apportiez à chaque fois que de besoin vos critiques constructives. S'il y a une chose par dessus tout qui me rend fier, c'est le crédit de confiance que vous nous avez maintenu jusqu'à la fin... [Applaudissement du public]

L'heure est venue d'annoncer les sept candidatures à ma succession, approuvées par le Conseil des Sages, et portés par les onze grins politiques du Village et des indépendants.

Les trois Grins politiques dirigés par les jeunes se sont alliés pour soutenir la candidature de Kokèba DIOURTE [Applaudissements partiels du public], à savoir le Grin Yéléni, le Grin Kouloutchi et le Grin Benkadi. Trois autres Grins se sont alliés derrière la candidature de Sombiri DIARRA [Applaudissements partiels du public], à savoir le Grin Douna, le Grin Horonnia et le Grin Yiriwa. Deux Grins soutiennent ensemble la candidature de Siriba KEITA [Applaudissements partiels], à savoir le Grin Danka et le Grin Diantoyèrèla. Les Grins restants, en l'occurrence, le Grin Faso kadi, le Grin kélénya et le Grin Benkoma soutiennent respectivement les candidatures de Djan SYLLA, de Malibatourou COULIBALY et Sonfoni FOFANA. Le septième candidat n'est autre que Babè KANOU, communément appelé le prince Babè, qui se présente à cette élection comme Indépendant [Applaudissements nourris du public].

Peuple de Bô, sous le regard de nos ancêtres et de nos aînés, la nouvelle campagne électorale est lancée pour 21 jours, après lesquels nous nous retrouverons ici pour choisir définitivement l'esclave de tous.

Ainsi, prit fin cette grande cérémonie cheffale d'adieu et d'ouverture de l'unique campagne électorale. Deux prises de parole suffirent pour ne pas ennuyer le public : celle du Maître griot et celle du sujet principal de la cérémonie, le Chef de Village. Aucune série de remerciements interminables et de flagornerie stérile, comme on en voit très souvent dans les Villages et royaumes africains. Le Village de Bô se distingue nettement de ses voisins par la simplicité de son mode de gouvernance. Il n'y a en tout et pour tout que quatre Institutions : le Chef de Village, le Conseil du Village, le Conseil des Sages et l'Assemblée des Villageois. Les lois sont constituées essentiellement par les traditions millénaires de gestion des affaires publiques. Le Chef, une fois élu, est maître à bord, il nomme aux postes du Conseil de Village ou de Gouvernement, et à toutes les autres responsabilités administratives. Il rend compte à l'Assemblée du Village, qui se réunit de droit une première fois au début de son mandat, une deuxième fois à mi-mandat et une dernière fois à la fin de son mandat. Les décisions de l'Assemblée sont souveraines ; elles, seules, peuvent abroger une tradition et une nouvelle loi promulguée par le Chef de Village. L'Assemblée du Village peut être convoquée de manière extraordinaire par le Chef de Village et le Conseil des Sages. Mais cela arrive très rarement. Le Conseil des Sages, quant à lui, se renouvèle en son sein, à la mort d'un de ses membres. Il est constitué par les plus anciens des aînés, le Maître de la confrérie des Chasseurs, le Maître Soma[3], le Maître griot, le Maître Charlatan, les anciens Chefs de Village.

A Bô, il n'y a pas d'armée permanente constituée. Tous les bras valides de Bô sont entraînés à leur jeune âge comme soldats, mobilisés en temps de guerre et démobilisés en temps de paix.

Seul le commandant des armées est nommé par le Chef de Village à la tête d'une garde cheffale restreinte et permanente. Ce sont les seuls soldats de métier, qui font de temps à autre la police dans le Village.

Après la dispersion de la foule, les Grins politiques se retirèrent dans leurs quartiers généraux de campagne.

Chacun, avec son équipe de campagne, discutait sa stratégie de mobilisation des électeurs et de sabotage de celle de ses concurrents.

---

[3] - Maitre féticheur dans la tradition bambara.

Au siège de la coalition Yéléni-Kouloutchi-Benkadi, on trouvait plus approprié de mettre en avant la jeunesse de leur candidat Kokèba DIOURTE et son brillant parcours d'entraineur sportif du Village. Les jeunes électeurs étaient de loin les plus nombreux, mais aussi les plus difficiles à mobiliser le jour du scrutin. La coalition de Kokèba était sûre d'y arriver cette fois-ci. Tous les jeunes du Village ont connu Kokèba de près ou de loin, de par les victoires successives cinq ans durant de son équipe de tirs à l'Arc. Les tirs à l'Arc étaient les jeux favoris de Bô.

L'équipe de campagne décida de contacter rapidement tous les entraineurs et capitaines d'équipes sportives à Bô, pour les sensibiliser sur la nécessité de choisir un jeune candidat de leur milieu, qui pourra valoriser davantage le sport et mieux prendre en compte les aspirations de la jeunesse. En plus, ils avaient levé un fonds de campagne pour faire un don de matériels sportifs à chaque équipe, et un don d'ustensiles de cuisines à toutes les tontines de jeunes femmes de Bô, qu'ils rencontreraient.

Bien que leur candidat avait fait serment devant le Conseil des Sages de respecter scrupuleusement les traditions de Bô, il se murmurait dans les coulisses qu'une fois élu, Kokèba prônera une plus grande ouverture avec l'extérieur et permettra aux jeunes Boas[4] d'aller étudier dans le pays des Blancs.

Pour une fois, les Grins politiques jeunes faisaient peur à l'establishment, car pour la première fois ils ont réussi à se mettre ensemble. Et cela en lui seul, révélait une grande qualité de leadership de Kokèba DIOURTE.

Malgré tous ces atouts, un seul candidat leur coupait le sommeil, c'était le prince Babè. Sa candidature inattendue avait froissé plus d'un. Il se racontait même que la

---

[4] - Habitants de Bô

coalition Douna-Horonia-Yiriwa de Sombiri DIARRA envisageait de rallier sa cause.

Que fallait-il faire pour mettre en échec l'élection du prince Babè ? C'était l'équation à un million de cauris ? Des casseroles publiques, il n'en trainait pas. De fâcheux antécédents familiaux, on n'en connaissait pas. Initier une campagne de diffamation, peu de chances qu'elle réussisse. On décida alors, de mandater un griot à fouiner autour de lui.

Au siège de campagne de Siriba KEITA, ils misèrent essentiellement sur le Marabout de Kounia, un des vingt-et-un hameaux de Bô. Le Marabout de Kounia, Albakar Al Sidi HAQ surnommé l'arabe noir, originaire de Sourakakoungo, royaume voisin du Sud de Bô. Il est le maître spirituel de la nouvelle communauté religieuse montante à Bô, les musulmans. Il a bâti à Kounia, un système de solidarité sociale qui lui a valu une grande admiration auprès des pauvres, et particulièrement dans cette cité. Ce système est financé par un grand réseau de grands commerçants locaux et étrangers, qui ont fait de l'Islam un facteur d'attraction économique. Leur réussite est parfois attribuée à leur appartenance à la nouvelle religion, et à la magie des prières de leur Guide spirituel.

Pour gagner les faveurs de l'Imam Albakar, Siriba KEITA s'était converti bien avant l'ouverture des campagnes. Après celle-ci, comme si cela ne suffisait pas, il décida d'aller lancer ses premières activités électorales chez l'Imam à Kounia. Avec sa grosse fortune accumulée sur plusieurs générations de commerçants, il envoya de quoi organiser une grande festivité.

Dans son équipe de campagne, on croyait dur comme fer que le soutien de l'Imam et ses prières allaient octroyer la victoire. Son chapelet en boulles de pierre servait à obtenir d'Allah tout ce qu'il voulait, croyaient-ils. Il pouvait même régler tous les problèmes de Bô, si le Conseil des

Sages n'avait pas décidé de conditionner son intégration au Conseil à un serment d'obligeance envers les traditions religieuses animistes, regrettèrent certains.

Néanmoins, dans un cercle plus restreint, il se racontait que Siriba comptait énormément sur un vote en bloc de tous les musulmans, qui étaient estimés alors à plusieurs milliers de fidèles. Ils avaient aussi élaboré une stratégie d'achats de conscience, à travers une vaste campagne de distribution de vivres auprès des couches vulnérables. Siriba était persuadé que tous les grands commerçants musulmans de Bô allaient l'aider dans cette entreprise religio-politique. En mettant à la tête du Village un musulman, pensait-il, l'Imam et ses grands commerçants espéreront vulgariser davantage la nouvelle religion, et de ce fait rendre un grand service à Allah.

Le prince Babè, considéré comme le plus grand favori, n'était pas musulman, ou du moins, connu comme tel. L'équipe de campagne de Siriba comptait jouer sur la fibre religieuse, pour lui ravir le soutien des électeurs musulmans.

Du côté de Faso Kadi, Djan SYLLA se targuait d'avoir l'entreprise qui employait le plus d'employés à Bô. Ici, chacun savait réciter sa fameuse phrase chouchou : « l'économie de Bô, c'est moi !».

En effet, selon les statistiques, ses fermes gigantesques employaient près de mille personnes, hommes et femmes. Il se racontait que près de la moitié de tous les fruits consommés à Bô provenaient desdites fermes. A chaque fois que la sécheresse frappait le Village, ses gestes de générosité n'ont pas fait défaut aux ménages.

Ses frères et amis qui faisaient office d'équipe de campagne voyaient en ces actions de bienfaisance, le meilleur raccourci vers la victoire cheffale. Ils comptaient sur le sens de reconnaissance légendaire du peuple de Bô, qui n'oubliait jamais un service rendu. Leur stratégie consistait en deux techniques : premièrement, rappeler aux électeurs les bienfaits passés de l'homme ; et deuxièmement leur donner une perspective sur ce que l'homme pourrait faire de mieux en accédant à l'autorité suprême du Village. Comme si l'avenir était toujours une copie améliorée du présent. Et sur les projets d'avenir, ils ne donnaient aucune précision, à part des idées vagues comme « Plus personne ne souffrira de la faim », « L'eau et le miel couleront à flot à Bô » etc.

Des concurrents, le Grin Faso Kadi n'en parlait qu'avec mépris. Le prince Babè Kanou ? Il ne voulait surtout pas en entendre parler, « lui qui n'a jamais fait la politique et qui ne sait pas dans quoi il fourre le nez.» Ici, aussi on était sûr de gagner.

En ce qui concerne les Grins Kélénya et Bencoma, de Malibatourou COULIBALY et Sonfoni FOFANA, il n'y avait pas de grande ferveur. Le premier, Maître forgeron et digne fils du célèbre féticheur Gon COULIBALY, était un homme sérieux et fort aimé des grandes dames de Bô. D'ailleurs, c'est sur instigation de ces dernières qu'il décida de se lancer dans la course. On ne comprenait pas très bien sa stratégie. Il n'y avait aucune équipe de campagne, à proprement parler. Apparemment, tous les militants du Grin devaient s'impliquer. Mais Malibatourou décidait lui-même de tout. A l'évidence, il comptait aussi sur les grandes dames de Bô, ses marraines comme il aimait le dire, pour financer et mobiliser les électeurs en sa faveur. Il se racontait aussi, que Malibatourou maitrisait la magie noire, et que ses récents sacrifices de Bœuf rouge et blanc visaient à envoûter ses concurrents. Les nombreux nœuds de roseaux de plantes qui jonchaient les entrées d'Est et d'Ouest de la ville, à en croire certains, étaient commandités par lui. On sentait que ceux qui rapportaient ces rumeurs, en avaient peur et tenaient vraiment à ce que les gens y croient. L'instrumentalisation de la peur et l'intimidation douce, voilà la stratégie sur laquelle comptait Malibatourou.

Le second, Sonfoni FOFANA, un maître cordonnier, était jadis membre éminent du Grin de Sibiri KEITA. Il a fait dissidence pour créer son propre Grin. Là aussi, aucune visibilité sur une quelconque stratégie de campagne, ou du moins de victoire électorale. Tous les propos étaient dirigés contre Sibiri, « qui se prend pour le centre du monde ». On voulait le faire échouer coûte que coûte. On l'aura compris, sa candidature visait beaucoup plus à défier ce dernier qu'à conquérir le pouvoir. Qu'est-ce qui était à l'origine de cette animosité entre les deux hommes, personne ne savait la vraie raison.

Le prince Babè, de son côté, affutait minutieusement sa stratégie de campagne, avec son équipe réunie au complet dans la grande Cour de feu son illustre père, le Chef Fasoli KANOU, connu et vénéré de tous les anciens. La symbolique était forte : « le prince Babè veut incarner l'héritage de ce dernier, ou s'élever à sa hauteur par ses projets ». Parmi ses sept fils, un seul était à ses côtés, le prince Matiè. Dans cette grande cour, une petite équipe de vingt une personnes écoutaient religieusement le prince Babè :

- Vous savez, les amis, nos concurrents nous sous-estiment. C'est bien. C'est notre plus grand atout. Nous n'avons jamais cherché auparavant à conquérir le pouvoir, certes ; mais nous ne nous sommes jamais désintéressés de la politique non plus. Nous nous sommes toujours exprimés sur les grands sujets qui ont préoccupé la Nation. Nous avons pris part aux grandes œuvres de développement, parfois même, nous en avons été les initiateurs, notamment auprès de nos communautés locales. Ne l'oubliez pas, ça ! C'est cela, au-delà du prestige ancestral, qui nous vaut le respect et l'admiration de nos concitoyens. Et c'est pour cela que nous allons gagner cette élection. [Oui !!! s'exclama le groupe]

Néanmoins, nous allons faire la plus belle campagne de l'histoire. Nous allons donner une belle leçon d'humilité à nos politiciens professionnels. Nous allons travailler en partant de l'hypothèse que chaque voix compte. Nous allons travailler si dur, que nos concurrents même auront envie d'aller voter pour nous…[Applaudissement et rires]

Chers amis, nous adoptons une méthode de campagne de proximité. Nous ne compterons sur aucun grand électeur. Les temps ont changé. Les jeunes ne suivent plus forcement le choix des parents ni celui des chefs de tribu. Nous allons faire une campagne de porte à porte, de concession à concession. Partout où régulièrement un groupe d'hommes se réunit, nous passerons ; aux marchés, aux champs etc.

Chacun de vous ici présent est un capitaine, avec une mission précise : vendre nos projets de développement en mettant, en avant notre probité. Chaque capitaine ici présent aura un hameau à « contaminer » par notre vision pour Bô. Pour cela il devra créer une petite équipe de cinq mobilisateurs, trois hommes et deux femmes. L'objectif derrière cette composition, est d'avoir le plus grand nombre de mobilisatrices de campagne de l'histoire. Ce sera du jamais vu à Bô. Vous verrez !!!

Ainsi, sera-t-il facile pour les femmes de Bô de comprendre et de voir que mon Conseil agira pour leur émancipation ; sur notre bouche, il n'y aura pas de vain mot.

En bon général, je passerai tour à tour dans chaque quartier du district et dans les hameaux pour vérifier que la campagne de proximité est effective. Je rentrerai moi-même, avec le jeune Matiè, les deux aînés voisin et voisine, dans autant de familles que possible, pour vous devancer ou vous compléter.

Nous avons quatre grands projets pour le septennat à venir, en plus des activités de développement corolaires au fonctionnement de l'Etat, sous-tendus par des outils de mesure concrets :

1- Abolir et éliminer toutes les pratiques culturelles néfastes pour l'épanouissement des citoyens : le sacrifice des enfants albinos; l'excision ; le mariage forcé ; le dépôt des fétiches sur les voies publiques ; l'esclavage par héritage.

- Concernant le sacrifice des enfants albinos : Dès notre accession au pouvoir, une décision cheffale interdisant le sacrifice d'enfant albinos sera notifiée par le Maître griot dans chaque vestibule tribal et rapportée dans les quatre coins de Bô par ses commis griots. Des sanctions seront aussi annoncées pour les éventuels contrevenants, allant jusqu'à la décapitation.

 Les cinq grands Soma (maîtres féticheurs) connus à Bô comme pratiquant ce sacrifice seront convoqués à une réunion de travail avec le Conseil du Chef de Village et le Conseil des Sages. La volonté du peuple s'imposera. Aucune dérogation en la matière ne sera tolérée.

Un grand forum des chefs de famille et de tribu sera convoqué la deuxième année de notre mandat, au cours duquel tous prendront le fameux serment collectif pour la protection des enfants albinos. Ainsi, deviendront-ils le dépôt de chaque citoyen de Bô. Chacun aura le devoir moral d'y veiller.

Moyens de contrôle :

Première année du mandat : Nouvelle de la Réunion entre les cinq (5) Soma, le Conseil de Village et le Conseil des Sages ; communiqué du Maître griot portant décision cheffale sur l'abolition du sacrifice humain, en l'occurrence celui de l'albinos.

Deuxième année du mandat : Organisation du forum des gardiens de la communauté (chefs de famille et de tribu convoqués traditionnellement pour traiter des grandes questions vitales) pour faire de la protection des enfants albinos, un serment du terroir.

- Concernant la fin de l'excision : Dès la première année de notre mandat, nous interdirons la pratique de l'excision à domicile et dans les cérémonies cultuelles. Elle sera tolérée uniquement dans les centres hospitaliers et faits par les spécialistes attitrés. Nous avons perdu trop de filles à la fleur de l'âge à cause de sa mauvaise pratique. C'est de notre devoir parental de protéger nos filles ; chaque famille de Bô est concernée. Le Maître griot annoncera cette décision dans chaque vestibule tribal, et ses commis griots dans les quatre coins de Bô. Les contrevenants paieront de lourds tributs, et en cas de décès ils pourront subir la peine de mort.

Dans la deuxième année, une campagne de sensibilisation méthodique sera enclenchée sous les auspices du Grand tradithérapeute Bonzo, avec comme cible privilégiée les mères de Bô, sur les avantages et les inconvénients de l'excision. Cette campagne devra durer quatre ans, au bout desquels un consensus sera obtenu autour de l'interdiction pure et simple de la pratique de l'excision pour raison de santé publique. Ce consensus sera sanctionné par une décision cheffale qui sera communiquée partout au besoin, aux grands soins du Maître griot et de ses communicateurs.

Moyens de contrôle :

Première année de mandat : Communiqué du Maître griot portant décision cheffale sur l'interdiction de l'excision à domicile et dans les cérémonies cultuelles sous peine de sanctions.

Deuxième année de mandat : Nouvelle campagne d'information et de sensibilisation du grand Maître tradithérapeute Bonzo sur les méfaits de l'excision sur la santé des filles de Bô.

Cinquième année de mandat : Communiqué du Maître griot portant décision cheffale sur l'interdiction de l'excision en terres de Bô, pour raison de santé publique.

- Concernant le mariage forcé : Dès notre accession au pouvoir, une décision cheffale interdisant le mariage forcé sera notifiée par le Maître griot dans chaque vestibule tribal et retransmise dans les quatre coins de Bô par ses commis griots. Les contrevenants s'exposeront à de lourds tributs ou des peines d'excommunication allant de 1 à 2 ans fermes. Et les mariages ainsi conclus, seront déclarés par le Conseil de Sages comme nul et de nul effet.

Moyens de contrôle :

Première année de mandat : Communiqué du Maître griot portant décision cheffale sur l'interdiction du mariage forcé dans chaque vestibule tribal et vulgarisé par ses communicateurs dans les quatre coins de Bô.

- Concernant le dépôt des fétiches sur les voies publiques : Dès notre première année au pouvoir, une campagne de sensibilisation sera enclenchée, par le Conseiller cheffale chargé de la voie publique, sur la propreté et la restauration des voies publiques. Il rencontrera successivement tous les Maîtres féticheurs connus du public. Dans la deuxième année, une décision cheffale interdisant le dépôt des fétiches sur la voie publique sera notifiée par le Maître griot dans chaque vestibule tribal et colportée dans les quatre coins de Bô par ses commis griots. Les contrevenants s'exposeront à de lourds tributs.

Moyens de contrôle :

Première année de mandat : Nouvelle de la campagne de sensibilisation lancée par le Conseiller en charge de la voie publique sur la propreté et la restauration des voies publiques à Bô. Nouvelle de sa rencontre avec les maîtres féticheurs à ce sujet.

Deuxième année de mandat : Communiqué du Maître griot portant décision cheffale sur l'interdiction du dépôt des fétiches sur les voies publiques, sous peine de lourds tributs.

- Concernant l'abolition de l'esclavage par héritage : Dès notre accession au pouvoir, une décision cheffale interdisant l'esclavage par héritage sera notifiée par le Maître griot dans chaque vestibule tribal et communiquée dans les quatre coins de Bô par ses commis griots. Les familles encore attachées à leurs anciens maîtres à travers des liens déguisés de dépendance devront être définitivement libérées, avec des dons de terre conformément à la loi d'abolition de l'esclavage et de l'égalité des ethnies, promulguée par mon aïeul le roi Siraman, il y a cent cinquante ans.

Tous les propos discriminatoires sur l'origine ethnique seront sanctionnés ; à ne point confondre avec le cousinage à plaisanterie, établi entre les groupes d'homme, pour faciliter leur socialisation.

Moyen de contrôle :

Première année de mandat : Communiqué du Maître griot portant décision cheffale sur l'abolition de l'esclavage par héritage en terres de Bô, et vulgarisé dans les quatre coins du pays par les soins des commis griots. Les sanctions aux agissements attentatoires à la dignité humaine seront publiques.

Ces réformes culturelles pourraient donner de nous, l'image d'anti-conservateurs. Non ! Nous ne le sommes pas. Nous sommes pour la promotion des valeurs traditionnelles POSITIVES. Pour en convaincre les réticents, nous allons dès notre première année de mandat restaurer le culte protecteur de la jument sacrée. La jument sacrée de Bô existe, comme tout le monde le sait ; mais depuis bientôt trente ans, on a cessé de lui vouer des rites cultuels. Pourtant les temps sont menaçants. C'est elle, notre ultime bouclier face aux grands dangers. Elle sera de nouveau vénérée !!!

2- Réorganiser le système d'enseignement scolaire et créer un cycle universitaire, et allouer des bourses pour étudier chez les blancs.

- Nous avons un bon système d'enseignement civil et militaire.

Au niveau civil, la formation fondamentale et secondaire est faite de sept ans à vingt un ans. Après, c'est l'Université de la vie. Certes, nos enfants auront appris à lire et écrire, à comprendre les principes de nos valeurs morales, à connaître notre histoire, à maitriser les principes de notre modèle économique et de notre système politique, à cerner la pathologie de notre milieu social et le développement de notre médecine. Mais est-ce suffisant ? Pour se spécialiser dans tel ou tel domaine, nos enfants sont obligés parfois de parcourir des milliers de kilomètres pour apprendre auprès d'un maître reconnu en la matière. Combien y parviennent au vu ou au bout d'un si long et périlleux voyage ?

Le temps évolue. La société aussi. Nos villes s'agrandissent d'année en année, au gré de la croissance démographique. Nos besoins vont décupler dans 5 ans.

Il nous faut faire à ce stade deux choses :

➢ Décentraliser nos niveaux d'enseignement fondamental et secondaire dans chacun des vingt un hameaux de Bô. Nous n'y arriverons pas en sept ans de mandat. Mais nous pouvons initier le projet et atteindre la moitié des résultats attendus, avant la fin de notre mandat ;

➢ Construire la Première Université physique et moderne de l'Afrique à Bô, où viendront enseigner périodiquement nos grands Maîtres de la science et ceux de nos pays voisins. Nous finirons ce chantier avant la fin de notre mandat.

D'ici-là, nous initierons un système de bourse permettant à nos meilleurs ingénieurs et médecins d'aller étudier dans les Universités de deux de nos meilleurs partenaires blancs. Vous savez le grand respect que voue la famille royale blanche du Danube à notre famille. Et cette famille nous a beaucoup aidés dans la guerre contre les blancs de la Gade. Le prince Josephy, mon ami, a toujours souhaité envoyer certains de ses médecins apprendre chez nous. On leur a toujours fourni en médicaments mais sans jamais leur apprendre comment en fabriquer eux-mêmes. Ils ont fait des avancées récentes en matière de technologie militaire et industrielle. Nous ferons un marché où nous serons tous gagnants.

Au niveau militaire, c'est de vingt un ans à trente ans que nos guerriers sont formés à l'Art militaire. Déjà à vingt trois ans, tous les jeunes de Bô peuvent valablement défendre leur pays. Nous sommes considérés par les blancs comme la Nation guerrière la plus redoutable d'Afrique, voire du monde. Malgré nos moyens matériels de combat, qui leur paraissent rudimentaires, notre prouesse, notre discipline, notre ingéniosité ou notre magie les laissent bouche-bée. Jamais cette terre n'a été envahie par une force étrangère. Les Gadois s'y sont essayés à deux reprises sans succès, et ont failli y laisser la dernière fois leur prince. C'est ici, qu'ils ont vu pour la première fois des flèches en acier, des gilets anti-balles, des lances pierres à 2 kilomètres de portée. Et nos chevaux, ils n'ont jamais vu de pareils, intrépides dans le combat et impassibles aux bruits de leurs canons.

Ces savoir-faire techniques doivent être conceptualisés ; les théories et stratégies de guerre enseignées à ceux de nos enfants qui voudront se spécialiser en art militaire. Nos savants militaires prennent de l'âge, et la relève s'amoindrit d'année en année. Il faut inverser cet état de fait.

Le temps de paix fait souvent ombre à la menace permanente de la guerre. La formation continue de l'élite et les exercices militaires, permettent de soutenir la vigilance.

3- Créer un système de conservation de l'énergie solaire à des fins d'éclairage public.

- Jusqu'à l'année dernière, nous pensions à la conservation de l'énergie solaire comme une simple théorie physique de feu Kousoumbara DANA, qu'on a tous apprise à l'Ecole. Et voilà qu'un jeune et brillant physicien de Bô, Koumbani SAMA nous dit avoir réussi à conserver une partie de cette énergie et en plus, à l'utiliser pour donner de la lumière.

Cela m'a étonné que le Conseil des Sages ne lui ait pas donné l'attention nécessaire ; ou du moins, le Conseil avait-il peur des éventuelles répercussions sur notre mode de vie ? La plupart des hommes agissent ainsi... Ils veulent le progrès, mais ils ne veulent pas en payer les frais. Quant à nous, nous allons oser tout progrès qui soulagera et améliora la vie de nos citoyens.

Dans cette perspective, nous allons donner à Koumbani SAMA et à ses semblables, tous les moyens nécessaires dont dispose le Village de Bô, pour développer leur recherche.

Le projet de conservation de l'énergie solaire revêt à nos yeux un intérêt particulier. Nous souhaitons, et cela j'en ai discuté avec Koumbani, qu'à la fin de notre troisième année au pouvoir, nous puissions installer des poteaux d'éclairage public le long de toutes les principales voies de la Capitale. Et deux ans après, nous étendrons progressivement et selon les moyens disponibles, ce projet à l'ensemble des hameaux de Bô.

Ce sera une première en Afrique, et peut-être même dans le monde. Bô a toujours été un repère pour les autres Nations ; ce n'est pas le moment, ni maintenant ni jamais, de perdre ce flambeau au profit des blancs. La science, c'est l'avenir. Nous en sommes les précurseurs, il faut que nous en soyons les novateurs et les développeurs.

Moyens de contrôle :

Première année de notre mandature : Cérémonie de début des travaux de construction d'une Centrale solaire par Koumbani et son équipe. Ces travaux devraient prendre fin en un an et demi, et la production d'électricité commencer au début de la troisième année. Cette équipe supervisera aussi les travaux de fabrication de tous les accessoires nécessaires à l'éclairage public.

4- Construire 2 grands barrages d'eau pour renforcer le domaine de la pêche, de l'élevage et du jardinage.

- D'après nos ingénieurs agronomes, il nous faut ces deux barrages pour achever notre autosuffisance alimentaire et devenir la plus grande Nation exportatrice en la matière dans la sous-région. Ils doivent être construits dans les deux hameaux du Sud-est où la pluviométrie est restée chétive pendant plus d'une décennie. Le premier sera construit à partir de l'aile Sud du fleuve Boungoun, en traversant plusieurs fractions désertes du centre-ouest, et le second à partir de l'aile Est, en traversant les 10 fractions du Centre-est. Vous le savez bien, c'est une œuvre titanesque à accomplir en un mandat. J'ai une stratégie pour y arriver : il s'agit de mettre à contribution la main d'œuvre supplémentaire nécessaire venant du village voisin des Gninfin. Un accord d'approvisionnement de 30% de nos récoltes pendant dix ans contre cet appui en force de travail devra faire l'affaire.

Ainsi, pourrait-on boucler le premier projet au bout de la quatrième année de la mandature, et le second, selon mes calculs, au début de la septième année.

Moyens de contrôle :

Première année de notre mandat : Cérémonie de prestation de serment d'accord autour de la construction des 2 barrages, avec la participation du Village des Gninfin.

Quatrième année du mandat : Fin des travaux de construction du premier barrage dans le Hameau Tièko.

Septième année de mandat : Fin des travaux de construction du second barrage dans le Hameau Kanou. En plus de ce programme que je viens de vous rappeler, nous allons donner aux chefs de tribus, la possibilité d'engager devant le Conseil des Sages une procédure de destitution à mi-mandat, à notre encontre, s'ils estiment que nos actions déjà effectuées trahissent la confiance du peuple. Soyez en sûrs, nous serons les seuls à pouvoir leur offrir ce moyen de pression sur nous, car nous sommes les seuls sincèrement engagés pendant cette campagne à servir dignement le peuple de Bô.»...
[Tonnerre d'applaudissements]

Requinquée, l'équipe de campagne du prince Babè a tenté de se réorganiser en petites unités de mobilisation de cinq personnes, ainsi que l'avait suggéré leur candidat. Mais ils n'ont pas pu avoir les deux femmes par groupe de cinq. Au final, ils avaient sept unités dont deux composées seulement d'1 femme chacune. Ils ont décidé d'immobiliser au QG quatre hommes de ces dernières unités, en vue d'apporter au besoin, un appui aux équipes sur le terrain. Il est alors resté deux hommes et une femme de ces deux unités redimensionnées, qui sont devenues donc des unités spéciales de mobilisation. Celles-ci ont été chargées de la Capitale + un hameau, et les cinq autres se sont partagées les dix hameaux restants de Bô, à raison de deux hameaux par unité. Chaque fin de semaine, un débriefing rassemblait au QG, les représentants des unités de mobilisation, pour partager les constats et prendre les nouvelles orientations validées par le prince Babè.

Du côté des autres Grins politiques, les campagnes se passaient tant bien que mal. Au bout de deux semaines, le nom du prince Babè et son nouveau style de campagne ne quittaient plus les lèvres. Certains voulaient l'imiter, tels que Djan SYLLA du Faso kadi et Malibatourou COULIBALY du Kelenya ; et d'autres cherchaient de quoi le diffamer, dans l'espoir de casser l'élan consensuel qui se construisait progressivement autour de lui.

D'ailleurs, le griot Binbiri chargé par le candidat Sibiri KEITA de fouiner dans la vie du noble prince, jurait avoir découvert de quoi le salir. A l'en croire, le prince Babè avait une concubine dans le hameau de Dio, où il se retirait de temps à autre, soit disant pour entretenir un de ses champs. Il connaissait même le nom de la concubine : Sanouba DANTE. Sibiri avait une confiance totale en son griot, mais il demanda à celui-ci de porter la nouvelle lui-même au Maître griot et au Conseil des Sages. Binbiri refusa. Il risquait gros, son honneur de griot. Selon le code moral des griots, un griot ne doit jamais espionner sur les autres groupes sociaux, si ce n'est sur réquisition de la Chefferie du Village et pour raison d'Etat. Dans l'histoire moderne de Bô, les deux griots qui ont contourné cette règle, en rapportant des informations diffamatoires sur des membres du Conseil cheffale, violant ainsi les procédures et jugées sans fondement par le Conseil des Sages, ont été bannis à jamais du Village de Bô, voilà soixante-dix ans environ. A l'évidence, le griot Binbiri ne voulait pas prendre le risque d'être le troisième éjecté.

Sibiri a cherché en vain un autre émissaire griot, pour rapporter le renseignement au Maître griot et au Conseil des Sages. Pourtant, il ne voulait ni ne pouvait se résoudre à le faire lui-même, au risque de commettre un sacrilège vis-à-vis de son groupe social. Ce n'était pas son rôle, ni celui de ses pairs, pour transmettre de tels renseignements aux autorités nationales. Cela relevait des prérogatives des griots de Bô, qui ont reçu de leurs pairs une formation appropriée à cet effet. A Bô, l'honneur est sacré et ne peut être légèrement contesté, sans s'exposer à de lourdes peines.

Sibiri, après plusieurs nuits blanches, a finalement décidé de confier la mission aux murs du Village, sans auteur ni commanditaire. Dans la dernière semaine de campagne, la rumeur est arrivée aux oreilles du prince Babè et du Maître griot, tous deux, membres du Conseil des Sages. Tout le monde pensait la même chose de cette rumeur : pure affabulation de cyniques concurrents pour la chefferie du Village. Personne ne se donnait vraiment la peine d'aller vérifier la nouvelle, dans le Hameau de Dio. Par contre, là-bas, les avis étaient partagés. Les habitants connaissaient bien la famille de Sanouba DANTE. Ils savaient que feu son père Boro DANTE était un intime ami au défunt Chef de Village et père du Prince Babè. Boro avant de mourir, avait fait don d'un champ à ce dernier, qui le visitait régulièrement, au moins une fois par an. Boro était aussi l'unique musulman de Dio. Les habitants avaient remarqué qu'après sa mort, sa fille Sanouba avait déménagé avec ses deux jeunes frères dans la ferme de Babè. Mais sur le fait que ces deux-là entretenaient des liens amoureux, les opinions étaient divisées. Certains pensaient que le prince Babè venait juste en aide à la famille, en prenant sous son giron Sanouba et ses deux jeunes frères. D'autres, avec la rumeur qui courait, imaginaient qu'elle est probablement devenue sa concubine.

Le Maître griot, de la grande famille griotte au service des KANOU, depuis l'avènement de la Royauté jusqu'à celle de la République, a daigné un jour interrogé le prince Babè à ce sujet:

- Cher prince, cher fils, qu'en est-il du lien entre toi et la fille de ton oncle Boro de Dio ?
- Cher Maître griot, c'est ma cousine et ma femme.
- Quoi ? Ta femme ? Ou ta concubine. Si c'est ta femme, pourquoi n'ai-je pas été informé ni impliqué? Quel griot a-t-il célébré le mariage ?
- Doucement, cher Maître griot ! Sauf ton respect, y-a-t-il une obligation légale d'informer qui que ce soit, à part les parents des mariés ?
- Certes, non ! Mais, les bonnes manières le commandent.
- Suggères-tu, noble griot de ma famille, que j'ai manqué de bonnes manières ?
- Non, mon prince ! A Bô, tu es le symbole de l'élégance et de la droiture. Veuilles éclairer ton humble serviteur !
- Voilà. L'oncle Boro était l'unique musulman de Dio. Tu le savais certainement. Quand il a souhaité me donner Sanouba en mariage, il était sûr de trépasser la semaine qui suivait. Conscient des contraintes cérémoniales liées à mon statut social et à ma religion, il a souhaité que mon mariage avec sa fille, se fasse selon le rite islamique et qu'il lui soit permis de garder sa religion. Je lui ai donné

ma parole, sachant qu'aucune des lois de Bô ne m'empêchait de consentir à un tel lien. Pour éviter de créer un faux débat autour de nos deux familles, surtout à un moment fatidique pour le vieux Boro, nous avons célébré le mariage dans sa famille à Dio, dans la plus grande discrétion. Sa femme, bien que muette, a été témoin de toute la procédure. Je connais la confusion qui règne souvent entre les lois et les traditions, entre les obligations et les recommandations.

- C'est pour cela que tu n'as jamais voulu rien me dire ? A moi, la mémoire de ce Grand Village ? Je ne sais donc pas faire la différence entre la racine et la feuille ?

- Mille excuses, cher maître ! Loin de moi ces présomptions ! Je voulais juste ne pas te contrarier. Tant que nous vivions notre foyer dans la discrétion, la société, n'en sachant rien, ne pouvait en souffrir. Et mon épouse était du coup à l'abri de sa pesanteur culturelle. C'était mon unique motivation.

- Et maintenant ?... Dès que tu as pris la décision de te lancer dans la compétition pour le pouvoir, tu aurais dû me mettre dans le secret.

Dans la vie politique que tu viens d'entamer, tu dois le savoir, il n'y a plus de vie privée qui tienne, surtout pas de nos jours. Pour ton bien, tu dois agir comme si tous tes faits et gestes sont scrutés par tous. Et ils le sont. De surcroit, dans la rivalité et le conflit, les gens n'ont plus aucun scrupule.

Je comprends tes raisons. Au regard de la loi, elles sont incontestables. Mais en politique, il n'y a pas que la loi qui compte, la perception, même erronée et rétrograde du public, compte aussi. Te connaissant bien, ou du moins, assez, je sais que tu meurs d'envie d'aller dire toute la vérité au Conseil des Sages qui, à raison, ne t'a pas saisi à ce sujet. Parce que là-bas, on ne traite pas des rumeurs. Et c'est heureux ainsi.

Je souhaite que tu les laisses tranquilles dans leur sérénité, et que tu évites tout commentaire public sur cette affaire, avant le jour du scrutin, qui n'est que dans trois jours. Ces rumeurs ne te nuisent en rien actuellement, et ce n'est pas une fois élu qu'elles le feront. Car en ce moment-là, le Conseil des Sages aura eu tout le temps nécessaire d'examiner l'affaire et d'aviser probablement un public déjà acquis à ta cause. Ton programme politique innovant et émancipateur plait beaucoup, et fait même rêver parfois, certains d'entre nous les plus vieux.

- D'accord, cher Maître griot. Tes conseils me sont toujours précieux. Ils sont emprunts de sincérité et de clairvoyance. Je suivrai celui-ci à la lettre.

Le Maître griot, rassuré, prit congé du prince Babè. Les rumeurs, quant à elles, continuaient de grossir au fur et à mesure que le prince Babè refusait de les commenter. Cela inquiétait certains membres du Conseil des Sages. Mais la plupart des habitants de Bô n'y voyaient que des manigances, des tentatives désespérées de mauvais rivaux de renverser la tendance électorale favorable au prince du peuple. En effet, dans toutes les tribus, dans toutes les familles, et même dans les Grins politiques, tout le monde parlait du style et du programme politique de Babè, qu'ils trouvaient originaux, audacieux et réalistes. Plus que tout, son humilité et son courage ont touché le cœur de tous les aînés du Village. Malgré ce constat irréfutable, dans les Grins politiques, pendant que certains se résignaient, d'autres cherchaient toujours des moyens de conjurer le sort...De ce fait, aucun Soma de Bô ne chôma durant toute la campagne. Et au cours des derniers jours, un certain nombre d'entre eux se sont ligués derrière Sibiri.

Le jour du scrutin populaire vint. Sous un soleil de plomb, presque tous les majeurs d'âge du Village, hommes et femmes de 21 ans et plus, étaient réunis sur la grande place publique. Celle-ci était archicomble. Le Chef du Village sortant, après les mots de bienvenue du Maître griot, prit la parole :

- Mes chers compatriotes, l'heure du choix ultime a sonné. Après 21 jours de campagne intense et mouvementée, où chaque famille de Bô s'est mêlée du débat politique, aucune plainte et aucun trouble à l'ordre public n'a été porté à l'attention du Conseil des Sages. Nous avons eu l'une des campagnes les plus civilisées au monde. [Applaudissements et youyous du public]

Sans plus tarder, avec la permission du Conseil des Sages qui procédera au comptage des voix, nous allons passer au vote par jet de tige.

Ceux qui sont pour le candidat Kokèba DIOURTE, veuillez vous approcher, un après l'autre, décliner vos identités et déposer vos tiges dans le cercle d'à droite, et....

Le Chef Bonna fut coupé par le cri du public, qui scandait presque de tous les côtés, le nom du prince Babè : « Babè KANOU, Chef de Village ! Babè KANOU, Chef de Village ! »

Le Maître griot cherchait à calmer la foule, pendant que les candidats Dia SYLLA et Sibiri KEITA criaient au sacrilège et demandaient de disqualifier le prince Babè. Une fois le silence revenu dans l'Assemblée, le Maître griot s'est approché du Chef Bonna, qui était visiblement choqué par cette attitude. Il lui expliqua que c'est une vieille tradition de Bô, pratiquée sous la monarchie, pour mettre fin au vote entre deux princes prétendants au trône. L'assentiment général ainsi obtenu, par l'acclamation du nom de l'heureux prétendant par les différents chefs de tribu, et constaté par le Conseil du roi, mettait fin au processus parfois long de désignation du nouveau roi, et entérinait son élection définitive.

Le Maître griot suggéra au Chef Bonna de consulter le Conseil des Sages, sur la validité de l'usage d'une telle méthode monarchique sous la République. Le Conseil était déjà en discussion, lorsque Bonna le rejoignit. Le coordonnateur du Conseil, le plus vieux d'entre eux, leur expliquait que cette méthode n'a jamais été dénoncée comme pratique révolue ou obsolète, et que par conséquent elle fait partie entière de leurs traditions positives. Et que cela, poursuivait-il, leur permettait d'économiser une demi-journée de travail laborieux entre des candidats aux égos surdimensionnés. Pendant que la discussion se poursuivait en présence du Chef Bonna, la foule reprenait ses murmures et ses sifflements…Les candidats Sibiri et Dia étaient joviaux, ainsi que Sombiri. Cette entrevue du Conseil des Sages leur donnait l'espoir d'une disqualification de Babè. Les candidats Malibatourou et Sonfoni étaient inquiets, car ils avaient prévu de désister au profit du prince Babè. Ce dernier, curieusement, faisant l'objet de tant de verbes, avait l'air tranquille.

Au Conseil des Sages, chacun donnait son opinion, pendant que le Chef de Village écoutait religieusement. Après avoir fait le tour des Sages, qui adhérèrent tous à sa thèse, le coordonnateur demanda l'avis de l'illustre observateur, qui n'a au final émis aucune objection.

Le Conseil des Sages prit alors, la décision de valider la méthode extraordinaire de vote populaire, qu'il qualifia de méthode de vote oratoire consensuelle, et de déclarer élu Chef de Village de Bô, le prince Babè.

Il convoqua ensuite le Maître griot et lui dicta sa décision. Pendant ce temps, la foule anxieuse attendait impatiemment le verdict.

Le Maître griot raccompagna le Chef sortant au milieu de l'Assemblée, sur l'estrade préparée et décorée à son honneur. Ainsi que le veut la tradition, le Maître griot monta aux côtés du Chef sortant, et annonça la décision du Conseil des Sages :

- Fils et filles de Bô ! Notre histoire est une chaine de valeurs ancestrales, conçues pour cimenter le corps social. Grace à elles, les Coulibaly et les Kéita se fâchent mais ne se combattent jamais ; tous les enfants, une fois devenus majeurs, se rendent utiles à la société en exerçant un métier ; aucun enfant de Bô n'est extradé pour être châtié à l'étranger ; Nous ne chassons que pendant la saison chaude, pour laisser les animaux se reproduire durant le reste ; le Conseil des Sages a été institué pour apprécier et interpréter nos lois et traditions. Que Bô est féru des règles de valeurs et des principes d'honneur ! Son destin est d'humaniser le monde.

Fils et filles de Bô ! Ce à quoi vous venez d'assister est une vieille tradition léguée par nos aïeuls, mais tombée dans l'oubli, depuis l'extinction de la monarchie. Car, à cause de son caractère consensualiste, il est plus facile de le réaliser pendant la monarchie que sous un régime démocratique. Mais, voilà ! Le prince de Bô, Babè KANOU l'a réussi. [Tonnerre d'applaudissements et de youyous]

En quoi, consiste-il ? Au temps de la monarchie, lorsqu'il y avait plusieurs prétendants légitimes au trône, cas extrêmement rare, on tranchait à travers la votation de tous les Chefs de tribu. Au moment du vote, si tous ou la majorité écrasante des Chefs de tribu criaient le nom d'un prétendant, l'élection était suspendue et le Conseil royal déclarait celui-ci Promu-roi.

Cette loi n'a jamais été dénoncée, sous la République. Comme vous le savez tous, toute loi ou coutume de l'ancien régime non dénoncée sous le présent, est présumée en vigueur à moins que le Conseil des Sages n'en décide autrement.

Après délibération, le Conseil des Sages a reconnu la validité légale de cette méthode de désignation traditionnelle des Chefs de Bô. Alors, le Conseil des Sages décide de la suspension de ce scrutin et déclare élu Chef de Bô, Babè KANOU fils de Fasoli KANOU…

[Applaudissements, youyous, cris de joie ; un public en liesse]

Comme à l'accoutumée, juste après l'élection, la cérémonie d'investiture était immédiatement accomplie.

Le Maître griot ordonna à ses commis de préparer la scène. On amena au milieu de l'Assemblée, une grande natte faite de peaux de léopards, au milieu on mit la peau d'un lion. Sur ces couvertures de fauves entrelacées, le Chef sortant fit signe au Chef entrant de s'y asseoir. Babè se leva majestueusement et marcha à pas cadencés vers l'espace indiqué, où de vieilles dames entreposaient déjà des feuilles d'arbre sacrées. Une fois assis, les membres du Conseil des Sages se déplaçaient, un après l'autre, et s'alignaient autour de lui. Le Maître griot, quant à lui, avança avec le Cheval blanc-rouge, sur lequel était monté le Chef sortant. Arrivé auprès de Babè, Bonna KANTE descendit du Cheval et se positionna devant lui, pour former une boucle avec les autres membres du Conseil des Sages.

Ensuite, debout ils étendirent tous, les bras et les mains vers la tête du prince de Bô. C'est là que le Maître griot a crié : « Babè KANOU fils de Fasoli KANOU, les âmes de Bô te font Chef de Bô et leur esclave. Fais-tu serment de les servir du mieux de tes capacités, en honorant ta parole et en respectant leurs lois et traditions ?

- Je fais serment, Peuple de Bô !, déclara sur un ton martial, Babè KANOU.
- Alors, repris le Maître griot, lèves-toi, l'incarnation de l'esprit de Kinou, Basou et Danou ! Lèves-toi, chaire de la chaire, os de l'os ! Parce que tu acceptes d'être l'esclave de Bô, Bô t'élève en Maître et te célèbre ! Montes sur le Cheval et chevauches vers le palais de la Colline ! Bô te bénit ! »

A ces mots, le nouveau Chef Babè se leva et s'exécuta. Et la foule l'accompagnait au rythme du tam-tam, synchronisé aux galops du Cheval, vers sa nouvelle demeure au sommet de la colline.

Chapitre III :

Le Chef de village renoue avec la tradition et réinvente le bouclier occulte
----

Le nouveau Chef Babè KANOU voulait marquer le début de sa magistrature par un acte fort et symbolique.

Il pensait depuis longtemps, que les jeunes générations ont quelque peu délaissé le culte des traditions, ramollis et égarés par des décennies de paix et de jouissance. Il fallait les secouer un peu, leur rappeler à qui ils devaient cette paix fragile, qui pouvait se rompre à tout moment.

Le Conseil de Village était le garant de la paix. Mais toute la stratégie de dissuasion du Conseil de Village à l'endroit des forces étrangères reposait énormément sur le spectre de la jument sacrée. Or, depuis bientôt un demi-siècle, la jument sacrée est devenue plutôt un mythe qu'une réalité, à force de l'abandon par les habitants de Bô, de sa célébration cultuelle.

Tout a commencé, sous le Chef Bassaré qui a succédé à son défunt père, où le culte voué à la jument sacrée a été progressivement et méthodiquement abandonné. Il est vrai que pendant la chefferie de Bassaré, Bô a connu une période de disette dans sa région orientale. Les caisses de l'Etat étaient éprouvées par les dons successifs aux populations déshéritées. Il était inimaginable, selon le Chef, qu'au même moment Bô organise des cérémonies fastueuses pour vénérer la jument sacrée. C'était du moins la raison qu'il rabâchait lors de nombreux conseils de Village où son attitude en la matière a été maintes fois remise en cause. Ce que beaucoup ignoraient, c'est que le Chef de Village était un converti secret de l'Islam, dans lequel le culte des créatures est banni.

Cependant, le nouveau Chef Babè pensait que le pouvoir, pour être efficace, a besoin de quelque chose de plus fort que le pouvoir, qu'il ne pouvait retrouver ailleurs que dans le sacré. La pratique démocratique a ceci d'inconvénient, qu'elle donne l'illusion à la masse que le pouvoir lui appartient, et à ce titre qu'il doit être au service de ses moindres caprices. Il lui faut alors, pour rester dans la mesure, le reflet de quelque chose d'au-dessus de lui, prêt à lui appliquer sa toute puissance. Babè croyait dur comme fer, que la jument sacrée, le bouclier occulte du Village, avait toujours joué ce rôle, en protégeant Bô aux côtés des ancêtres. Sa récente mythification, accompagnée de l'abandon de son culte, allait tôt ou tard appeler le châtiment du Ciel. Il ne voulait pas que cela arrive sous son mandat.

Le Chef décida comme premier acte fort, qui prit de court tout le monde, de renouer avec la tradition, de célébrer les ancêtres, d'invoquer le Ciel, de renouveler le culte de la jument sacrée ; lui qui était qualifié auparavant, dans certains milieux, de moderniste assimilé.

Au delà de sa foi sincère, il savait que le retour à ce culte ancestral lui octroierait une aura supplémentaire, l'équivalent d'un pouvoir magique qui neutraliserait ses potentiels détracteurs et conservateurs au sein du Conseil des Sages. S'il le réussissait, toutes ses décisions passeraient au Conseil des Sages comme un colis de colas aux mains d'un griot.

Il fit appeler à son vestibule, le matin de bonheur, le Maître griot et le Maître charlatan. Après les salutations, et s'être installés, le Chef Babè prit un ton solennel :

- Chers Maîtres ! Djéli Batou et Nièdjan ! Vous êtes la mémoire et la prophétie de cette vieille Nation. A vous deux, aucun secret d'Etat n'est caché. Vous connaissez, à travers les âges, l'origine et la destinée de la jument sacrée. Vous n'ignorez point comment son apport a été décisif dans les guerres difficiles, qui ont failli effacer le nom du royaume de Bô de la mémoire des hommes.

Il y a sept cents trente trois ans, 99 des 111 Villages que comptait le Royaume de Bô disparaissaient de la carte géographique, du fait des djinns « Ifrit »[5]. C'était la première bataille, à en croire nos griots, entre les hommes et les djinns dans notre contrée. La seule femme survivante de cette catastrophe fut trouvée aux pieds d'une jument dans une case abandonnée. Elle devint l'épouse de mon aïeul le Prince Kamissé, et instituèrent un culte autour de la jument comme l'esprit de protection de Bô. Jamais, depuis, les Ifrit n'attaquèrent de nouveau Bô. Et aux heures les plus sombres des batailles, les rois successifs ont introduit la jument sacrée et renversé le cours de la victoire en leur faveur. Qu'elle soit bénie ! La jument sacrée, le bouclier occulte de Bô !

Plus la paix dure, plus les hommes oublient les affres de la guerre. Plus le bonheur se propage, plus les hommes oublient l'étreinte de la famine. Plus la sûreté se renforce, plus les hommes négligent l'ombre de la précaution. Plus la prospérité est partagée, plus ils distillent l'ingratitude. Plus le présent s'éloigne du passé, plus ils altèrent les faits historiques et engendrent le mythe.

Chers Maîtres, il est regrettable que notre peuple en soit venu jusqu'à délaisser le culte de la jument sacrée, exposant de ce fait toute la Nation à un péril certain...

[Le Maître griot Djéli Batou éclate en sanglots]

Maître Griot ! Ne trouve pas en ces mots une intention accusatrice envers les griots de Bô. Que pouviez-vous faire contre la décision d'un Chef,

---

[5] - Nom de la classe sociale la plus farouche des djinns.

soutenu par le Conseil des Sages ? J'accuse tout Bô...

Je voudrais comme premier acte de ma Chefferie, réhabiliter le culte de la jument sacrée, pour le bien de Bô et pour conquérir le cœur de mes détracteurs, qui n'attendent de mon mandat que des innovations stériles. Par cet acte, ils seront rassurés que je préserverai les valeurs culturelles positives et vitales de Bô, et ils seront plus enclins aux changements que je m'apprête à opérer sur les traditions que je juge inutiles.

- Votre grandeur force la déférence ! S'exclama le Maître griot. Votre brillant esprit et vos délicates manières font que les hommes se jettent volontiers à vos pieds. Permettez-moi, cher Aîné[6], de faire mon mea-culpa.

J'aurais dû insister plus, auprès de Bassaré...En vérité, j'avais aussi mes doutes par rapport à l'exactitude de ces faits historiques. Une jument qui protège des flèches ennemies celui qui la chevauche ? Le totem des Ifrit ? Dans ma jeunesse, j'ai vu sur les champs de batailles, des mythes s'évaporer comme des calligraphies sur du sable. Il m'est même arrivé, parfois, de grossir des faits pour flatter le courage des braves et inciter à l'action, les indécis et les poltrons. Je ne pouvais pas ignorer la part de mes ancêtres dans la magnification de la jument de Bô, alors j'ai laissé faire le Chef Bassaré : brisé un culte mythique pour sauver des vies humaines, j'ai pensé que c'était un marché juste En effet, je n'avais jamais soupçonné que sa foi de musulman dissimulée, que

---

[6]- Le Chef est considéré comme l'aîné de tous.

je n'ignorais pas d'ailleurs, avait quelque chose à avoir avec sa décision.

Mais tout bien considéré, le Culte aurait dû reprendre une fois la famine contenue, j'y ai failli…

- Frère Djéli Batou ! Cher aîné Babè ! Votre éminence ! S'émut Nièdian, le Maître charlatan. Qui, ne se trompe pas ? Si le Maître griot ne faisait pas droit à sa sincérité légendaire auprès des princes et des Chefs, je serai parti dans ma tombe avec ce que je m'apprête à vous révéler : je les avais prévenus, lui et le Chef Bassaré, que sans la jument sacrée et vénérée comme il se doit, un grand malheur s'abattrait tôt ou tard sur Bô. Ils m'ont demandé des précisions, je ne les avais pas, ils en ont tiré des motifs d'incrédibilité de ma mise en garde. J'avais fait mon devoir, celui de lire dans l'avenir et de prévenir les vivants. En déduire les décisions politiques idoines, c'était leur affaire. A chacun, son fardeau !

Maintenant que j'ai en face un Chef plus inspiré et audacieux, l'air qui me caresse les oreilles est plus léger et ma vision plus dégagée. Mais, la nuit n'est plus loin, il faut hâter les pas. La jument sacrée doit être au plus vite réhabilitée dans son culte, d'une manière majestueuse qui n'a d'égal que la grandeur de l'oubli des malheurs qu'elle nous a épargnés.

- Mes chers conseillers ! reprit le Chef Babè. Il n'est jamais trop tard pour bien faire, ne dit-on pas ? Alors hâtons-nous doucement ! Maître griot, je souhaite que dans une semaine, des 21 hameaux de Bô, tous les délégués des populations locales se transportent dans la capitale, pour participer à la cérémonie grandiose qui ornera la reprise du culte de la jument sacrée. Je souhaite que parmi les délégués, figurent les plus belles filles de Bô. Toute la ville devra être décorée par les lauriers sacrés et les plus belles fleurs de notre contrée. La jument sacrée devra être parée des feuillets d'or, des sabots aux crochets en cuir autour de la tête. Et qu'on prévoie une pièce d'or pour chaque Maître féticheur qui sera mobilisé, pour invoquer les esprits, au sommet de la colline. Maître griot, prends attache avec le caissier du palais et faites ensemble un plan d'activités budgétisé, en tenant compte du nécessaire et de l'accessoire, que vous me présenterez.

Sois rassuré, que cette attitude dispendieuse ne me change pas ; je reste le même sobre prince Babè. Ce que je commande-là, c'est la circonstance qui l'exige. Il faut bien la faire une fois, pour ne plus avoir à la refaire. Cela vise uniquement, à marquer triomphalement le retour à une bonne tradition abandonnée. Toutes les commémorations qui suivront, je t'en donne ma parole, seront des plus modestes.

- Grand Chef ! S'écria, le Maître griot. Le soleil de Bô ! Je n'en doute point. Je sais de quelle terre vous êtes fait. Vous ne saurez dévier. Si vous voudriez bien nous renvoyer à nos devoirs, votre volonté sera exécutée.

- Je t'en prie, cher Maître griot. Dis au grand Maître charlatan que sa diligence est bien appréciée, et vous pouvez disposer.

Ce fut fait. Les deux maîtres savants prirent congé du grand Chef. Sur le chemin du retour, Djéli Batou s'excusa de nouveau auprès de Nièdian, de n'avoir pas pris jadis son parti contre le Chef Bassaré, et s'étonna de la délicatesse par laquelle il rendit compte de ce malheureux épisode au nouveau Chef. Celui-ci lui retourna la politesse et assura qu'il ne lui en a jamais tenu rigueur. Il savait que gouverner comporte de multiples facteurs qu'il ne maîtrisait pas ; mais il savait aussi que le langage des cauris et de la poudre de termitière[7] n'est pas toujours compris des hommes. Le temps, disait-il souvent, est le meilleur allié des voyants. Ils se séparèrent, au flux des bénédictions mutuelles.

Le Maître griot est parti saisir le Conseil des Sages, qui se réunit aussitôt. Il leur fit part de l'intention du Chef Babè. Les Sages n'en revenaient pas. « Lui ? Le prince Babè ? Le progressiste ? Le moderniste ? Il veut réhabiliter le culte de la jument sacrée ? C'est une merveilleuse nouvelle », commentèrent les uns et les autres. « C'est comme si nous avions les yeux bandés par un mauvais sort, et que le Chef vient de nous rendre la vue », se dirent certains.

Cinq des Sages du Conseil s'engagèrent volontairement à contribuer, à hauteur de 2 kilos d'or chacun, aux préparatifs exceptionnels de cette cérémonie cultuelle de réhabilitation. Le Conseil approuva à l'unanimité ce projet inattendu du nouveau Chef et pria le Maître griot de surpasser les attentes de la chefferie dans son organisation. Il en a pris l'engagement. La cérémonie devait avoir lieu dans une semaine. Plus de temps à perdre ; il tint le même soir, un conseil avec l'ensemble des membres de sa tribu. Ils ont convenu des différentes activités à mener lors de la cérémonie, ainsi qu'il suit:

- Informer tous les 21 hameaux de Bô de l'événement : chaque hameau a été confié à deux griots ;

---

[7] - Appelée en langue vernaculaire « Tourabou », cette poudre est étalée à terre, et le charlatan ou voyant y dessine des figures, dont la combinaison lui permet de prédire les évènements.

- Désigner les plus belles filles de Bô : chaque hameau doit désigner la plus belle fille de sa localité, pour faire office de porteuse de calebasse de feuilles et de fleurs sacrées pendant le rituel ;
- Mobiliser 111 chevaux pour la croisée des épées pendant le rituel ;
- Mobiliser les 12 plus belles chanteuses de Bô, pour psalmodier les récitals sacrés ;
- Fabriquer des feuillets d'or pour orner la jument sacrée, tel que souhaité par le Chef de Bô ;
- Immoler 111 bœufs, cinquante de couleur noir-blanc et cinquante de rouge ;
- Mobiliser 77 cuisinières pour faire à manger pour les participants.

Le lendemain de bonne heure, le Maître griot partit rencontrer le caissier du palais, pour budgétiser ce plan d'activités grandioses. Ce dernier avait déjà été mis au parfum par le Chef lui-même. Les discussions ont donc évolué très rapidement, pour se cristalliser autour des détails de trésorerie.

Le Maître griot

- Gratitude à l'honorable Finko, caissier du Chef de Bô, le digne de confiance, le véridique ! C'est encore moi !!! Tant qu'il y aura des problèmes d'Etat à résoudre, la main du Chef ne saurait être loin du grenier public... [Rire complice des deux hôtes]

Cher ami, comme à mon habitude, je ne viens pas qu'avec des problèmes, j'apporte aussi des projets de solution ; et cette fois-ci, j'ai l'impression de t'apporter toute la solution. [Rire à pleines dents du caissier, généralement d'une mine austère].

Le caissier du Palais

> – Quoi donc ? Le Chef m'a déjà prévenu et m'a demandé de tout mettre en œuvre pour que tu ne manques de rien, est-ce de cela qu'il s'agit ?

Le Maître griot

> – Non ! Mieux que cela, cher ami. Le Conseil des Sages s'est engagé volontairement à mettre à notre disposition dix kilos d'or, pour contribuer aux dépenses de la cérémonie. Je ne suis pas financier, mais pour en avoir côtoyé un très bon, tout me fait croire que c'est plus que suffisant pour couvrir toutes les dépenses. Ou bien je me trompe ?

Le caissier du Palais

> – Non, cher maître, si on s'en tient au nécessaire. Mais, permets que je m'étonne...Le Conseil des Sages ? Jamais, leur contribution volontaire à quoique ce soit dans ce pays, n'a dépassé 2 kilos d'or, du moins depuis que je suis comptable en chef de Bô. Entre nous, il y a eu des choses bien plus importantes ou vitales pour le peuple de Bô que ces festivités dispendieuses : la période de la disette, par exemple. Et là, pour faire la fête, ils donnent dix kilos d'or ?...
>
> J'ai toujours pensé que vous les vieillards, soi-disant Sages, devaient être taxés, au même titre que les autres citoyens. Vos privilèges coûtent trop chers au trésor public ; c'est un manque à gagner énorme !!!! Aucun Chef ne m'a encore entendu. Etre sage, c'est d'abord être solidaire et donner le bon exemple. Quand c'est la bonne parole, vous la

prêchez bien, mais rarement vous la pratiquez. Dix kilos d'or en un seul coup !!!! Zukrifi[8] !

Je ne regrette pas avoir refusé à deux reprises de faire partie de votre bande.

Le Maître griot

- Dix kilos d'or ont fait perdre au caissier du Palais le sens des protocoles et la rigueur de comptable ? Cher ami, je sais que tu me parles en copain et non en caissier du Chef. Mais n'oublies pas que je demeure le gardien du temple. Un peu de retenue ! Puisque tu fais hors sujet à dessein, permets que je te fasse une confidence. Il se raconte beaucoup de choses à ton sujet auprès du Conseil : ton arrogance, ton dédain, tes insultes à demi-mot contre les Sages. A plus de deux reprises, j'ai dû m'opposer à une tentative de te convoquer au Conseil pour diffamation et sédition. [Rire du caissier]. Prends ces choses au sérieux ! Tu pourrais non seulement perdre ton emploi, tu pourrais aussi perdre le respect du peuple. Et ne crois pas qu'après cela, tu pourras rester longtemps dans la capitale. Le Conseil des Sages a des ressorts que tu ne soupçonnes même pas.

Je suis venu pour te parler de l'exécution d'un ordre cheffale, toi, tu penses d'abord à comment renflouer ta caisse ?

Le caissier du palais

- Cher ami, merci pour ta confidence et excuses mon incorrection de financier. Ma priorité, ce n'est pas de dépenser, ma priorité c'est de renflouer. Je ne peux pas voir une niche de recettes et passer comme si de rien n'était. Conviens-en s'il te plaît !

---

[8] - Nom de l'homme le plus riche de l'histoire de Bô.

De tes interventions au Conseil, que j'ai toujours considérées comme ton devoir de véridique plus qu'une faveur, j'en ai eu quelques échos avec le précédent Chef. Je ne me fais aucun souci, outre mesure ; surtout pas avec l'arrivée de Babè que tu connais si bien. Sois rassuré, je ne parle avec autant de franchise qu'à des amis et en privé ; en public, j'ai toujours observé les règles de déférence dues à leur rang. Et tu le sais. Mais encore une fois, en privé, ma liberté de parole, je l'assume et l'exerce totalement, elle ne saurait souffrir que du mensonge.

A présent, revenons au vrai sujet qui t'amène ce matin. Je sais qu'il y a du boulot qui t'attend. Tu disais qu'on a dix kilos d'or. C'est quoi ton projet d'activités pour la cérémonie cultuelle ?

Le Maître griot

- Tu ne changes pas, hein ! Soit. Le Chef de Bô veut une cérémonie grandiose qui marque le retour du culte de la jument sacrée, et comme tu le sais sans doute, un début retentissant de son mandat. Et quoi de plus beau que de savoir que tout cela ne coûtera pas un rond au trésor public. Je pense sincèrement que les Dieux sont avec cet homme...

Pour les activités cérémoniales, avec mon vestibule, nous avons décliné les suivantes :

- Informer tous les 21 hameaux de Bô de l'événement; une centaine de griots à mettre en mission ;
- Désigner les belles filles de Bô pour les besoins de la cérémonie : les hameaux doivent désigner, chacun, la plus belle fille de leurs localités pour faire office de porteuses de calebasse de feuilles et

de fleurs sacrées pendant le rituel ; une vingtaine de vierges à mobiliser ;
- Mobiliser 111 chevaux pour la croisée des épées pendant le rituel ;
- Mobiliser les 12 plus belles chanteuses de Bô, pour psalmodier les récitals sacrés ;
- Fabriquer des feuillets d'or, pour orner la Jument sacrée, tel que souhaité par le Chef de Bô ;
- Immoler 111 bœufs, cinquante de couleur noir-blanc et cinquante de rouge ;
- Mobiliser 77 cuisinières pour faire à manger aux participants.

Le caissier du palais

- Eh bien, vous avez prévu de gloutonner tous les pesants d'or du Conseil, quoi ! C'est fastueux ! Mais, n'est-ce pas bien cela le but ? Pendant qu'on y est, je pense qu'une couronne en or fera du bien au grand Chef… [Sourire]

Le Maître griot

- Arrêtes, n'exagérons pas ! Tu sais bien qu'il n'en sera rien. Ce n'est pas un roi. C'est le Chef d'une République. Mais je le verrai bien porter des bagues et chaines en or, pour l'occasion… [Sourire taquin] si le caissier n'y trouve pas matière à se plaindre.

Le Chef Babè est conscient du caractère ostentatoire de cet événement, et j'avoue même que cela lui pèse. C'est parce que le culte a été abandonné si longtemps, depuis des décennies, et pour marquer son retour dans l'ordre institutionnel, il faut singulièrement marquer les esprits et entrainer l'adhésion des récalcitrants. Il prépare ainsi la clé de voûte qui permettra de réussir tous les grands changements qu'il entend imprimer à la marche de notre Etat. Tu le sais, le Chef Babè est un fin stratège sorti de mon école d'ailleurs, sans fausse modestie... [Rires]. Discutes de tes préoccupations arithmétiques avec lui, tu verras qu'il n'a rien perdu de sa sobriété habituelle. Toute rondelle d'or, tu n'en verras aucune lors des prochaines cérémonies ; ça, je peux te l'assurer.

Le caissier du palais

- Trêve de plaidoirie ! Tu n'en as cure. Pour aller vite, il me semble que les ressources déjà mobilisées peuvent couvrir les dépenses engendrées par les activités déclinées. Voyons ça de plus près...

Les deux copains et plus proches collaborateurs du palais discutèrent des heures et se mirent d'accord sur le budget à allouer à chaque activité détaillée. En grosso modo, trois kilos d'or seront convertis en Cauris au niveau du trésor public, pour effectuer les dépenses courantes ; et deux kilos à envoyer à la forge pour les besoins des parures de la jument, du Chef, des porteuses de calebasse, des incantatrices et incantateurs fétichistes de Bô.

Sur le pécule destiné aux dépenses courantes, il y avait cent milles cauris de plus, que le Maître griot voulait garder pour anticiper les imprévus. Il s'en suivit un long tiraillement, qui ne connut son dénouement qu'avec l'intervention du Chef lui-même.

Le caissier du palais

- Ces cents milles cauris, tu ne les garderas pas. Ça va au trésor public. De quels imprévus, tu parles ? Pourquoi, tu veux prévoir ce qui est imprévu ? La réponse à l'imprévu, c'est l'improvisation. On a des procédures spéciales, pour ces types de dépense. C'est ainsi, que les sages dérobent légalement des ressources à l'Etat.

Le Maître griot

- Héyi ! Cher copain ! Quelqu'un d'autre que toi, m'aurait senti sur l'heure. Serais-tu en train d'insinuer que je suis un voleur ? Non, je ne peux te prêter cette intention. C'est ton obsession de vouloir tout thésauriser, qui te rend si amer et si aveugle à chaque fois qu'on parle de dépenses. Tiens ! Tu parles de procédures spéciales pour les imprévus ? As-tu jamais dépensé un cauris à l'improviste, sans l'intervention du Chef-lui-même ?

Cet argent-là n'émane pas du trésor, et c'est juste qu'il n'aille pas au trésor, tant que la raison pour laquelle il a été mobilisé n'aura pas été éteinte.

Le caissier du palais

- Ah ! Le Maître griot s'est mû en financier en chef de l'Etat ! Donc, c'est toi qui décides comment et où va l'argent de l'Etat ? Tu te trompes. Et tu ferais un mauvais financier. Toutes les dépenses de l'organisation de la cérémonie cultuelle de la jument sacrée sont des dépenses publiques, donc qui relèvent en principe du trésor public. Toute aide extérieure destinée à couvrir une partie ou l'ensemble de ces dépenses est considérée comme une subvention de recettes pour l'Etat. Donc, ce sont les règles de finances publiques qui s'appliquent. En vertu de cela, je dis que le surplus va au trésor public, et dans aucune caisse personnelle pour des soi-disant imprévus. Dire cela, ne signifie pas que j'insinue quoique ce soit. Si c'était le cas, je te l'aurais dit ; tu es mon copain d'âge, je n'ai rien à craindre de toi !

Le Maître griot

- Tu devrais. Quand le bons sens manque à la réglementation, c'est qu'elle est taillée sur mesure. Je ne suis peut-être pas financier, mais je suis doté du bons sens et tout Bô en témoigne. Ton montage-là met en danger le bon déroulement de cette cérémonie. Je ne te laisserai pas faire. D'ailleurs, tes improvisations, on les connaît, c'est de rembourser procéduralement nos sauveurs ou d'exécuter une nouvelle dépense procéduralement validée. Tes procédures sont lourdes, et nous font perdre du temps utile, et tu es lourd !!! C'est l'une des raisons pour lesquelles, les gens ne te supportent pas. Et cela va t'emporter, tôt ou tard.

Les imprévus doivent être anticipés, dans l'intérêt du bon déroulement des activités.

Le caissier du palais

- Est-ce que le Maître griot de Bô me menace ou je me méprends ? Qu'est-ce que j'ai à faire des sentiments des gens, tant que je fais bien mon travail et qu'il est apprécié de mes employeurs ? Je suis le meilleur caissier de palais que ce pays n'ait jamais connu. J'ai connu deux Chefs et voilà le troisième. De ma catégorie professionnelle, je suis celui qui a le plus duré à ce poste. Et tout cela, n'est pas du nouveau pour le plus grand historien de Bô, je présume. Ou bien, je me trompe ?

Quand on gère bien l'argent, on ne peut être aimé de ceux qui aiment dépenser. Pour moi, les imprévus sont imprévus et ne doivent pas être comptabilisés. Ces cent milles iront au trésor et ce sera rendu public. Point.

Le Maître griot

- Quel point ? Tu parles ; mets plutôt une virgule. Je n'en ai pas fini…Je p….

Sur ce, entrait le Chef Babè. Il avait été alerté par sa femme, qu'une discussion houleuse se passait entre le caissier du palais et le Maître griot. Au fait, tout le palais en bourdonnait. Chacun s'en allait commenter le bout de phrase attrapé au vol. Certains disaient, « le Maître griot n'est pas dans son élément, il devrait écouter l'expert financier » ; et d'autres disaient que le caissier se croit le plus instruit et le plus rigoureux de tous les hommes sur terre, et que c'est heureux que quelqu'un puisse le ramener à la raison.

Le Chef Babè

- Salut fraternel à mes deux plus proches collaborateurs, les plus sages de tous !

Le Maître griot

- Hommage à l'aîné de tous, l'éclairé, le bien aimé prince et maintenant le Chef de tous ! Tu nous fais un grand honneur, par ta présence. J'espère que notre causerie n'a pas écorché ta tranquillité ?

Le caissier du palais

- Votre révérence, le Chef de Bô ! Mes respects et nos excuses !

Le Chef Babè

- Chers collègues, à moi, vous n'avez rien fait. Mais vos voix portent si loin, dans tout le palais, qu'on a l'impression que les deux copains se bagarrent. De quoi, s'agit-il ? Quel sujet donne ce tempérament à votre causerie ?

Le Maître griot prit la parole et expliqua ce qui l'opposait au caissier du palais, qui acquiesçait tout de la tête.

Le Chef Babè

- Si vous permettez que je tranche. En principe, le caissier du palais a raison et fait bien son travail. Néanmoins, ce que propose le premier conseiller est utile pour l'efficacité et l'efficience recherchées dans le déroulement des activités cérémoniales. Je voudrais que désormais une somme d'argent soit prévue, dans tous les projets d'activité nationaux, pour parer aux imprévus. Cette somme peut être confiée en liquide, à un préposé du Caissier du palais, qui sera à la disposition du maître d'ouvrage durant toute l'activité. La confiance n'exclut pas le contrôle. Vous en conviendrez.

Le caissier du palais

- Cela me va, Chef.

Le Maître griot

- Quelle sagesse ! Qu'il en soit ainsi !

Tout a été ainsi callé pour le Maître griot et son équipe, pour entamer les préparatifs de la plus grande cérémonie que Bô n'ait jamais vécu à son époque.

Tout se déroula comme prévu. Pendant sept jours, les jeunes griots investirent les 21 hameaux de Bô. Toutes les tribus et familles étaient en mouvement. Les 21 filles vierges furent identifiées et sélectionnées. Des compétitions furent organisées entre les plus célèbres chanteuses, dont 12 furent retenues. La marraine des marraines, la plus âgée des femmes de la ville de Bô, désigna les 77 cuisinières recherchées, pour la cérémonie.

Deux forges de la ville et deux forges des hameaux furent mobilisées pour la fabrication des bijoux et des autres apparats de l'événement. Les dresseurs de chevaux de l'armée choisirent et réquisitionnèrent 111 chevaux et leurs cavaliers, pour la prestation de la croisée des fers tant choyée par le public.

Le huitième jour, le Maître griot et son équipe procédèrent à la revue des préparatifs. Et le neuvième jour, la cérémonie tant désirée et pré-commentée se tint.

Au matin, le soleil était grisâtre et l'air particulièrement frais. Aucun aboiement de chiens, aucun bruit strident. Les gens se félicitaient de ce beau présage. Tout souriait à Bô, des enfants aux plus âgés. Des délégations continuaient d'affluer dans la ville, des deux grandes portes des murailles qui la ceinturaient.

Les arbres étaient décorés et la voie menant au palais, au-dessus de la colline, était bordurée de cendre, pour faciliter le passage et l'orientation de nouveaux hôtes de la ville. On en a mis également sur une grande surface, formant un demi-cercle, en face du côté-est du palais. Du fond du cercle aux escaliers qui arborent la colline jusqu'au palais, des fleurs dorées et encensées sillonnaient le chemin. Sur une pierre plate en forme d'estrade suspendue au flanc sud de la colline, on pouvait apercevoir une série de calebasses ordonnées en forme de V, et desquelles se dégageait de la fumée. La colline elle-même était bien propre et resplendissait de sa couleur naturelle d'une noire de bronze, d'une rare beauté. Au sommet, le palais était muni d'ailes en tapis de brocart. Tout ce décor était tout simplement majestueux.

Quelques heures à peine, avant que le soleil n'atteigne la moitié de sa demie course (vers 10h du matin), la place était pleine des gens magnifiquement vêtus. Ça sentait le parfum partout. Soudain, on entendit le chant en chœur d'un groupe de griottes, qui imposa le silence au public envoûté. Sans saisir du regard celles qui chantaient, chacun semblait emporté par leur belle voix qui provenait du côté du palais. Dès que le Maître griot apparut au public, sur l'escalier qui mène vers l'estrade en pierre, la mélodie s'arrêta. Il pria le public de se tenir débout, pour accueillir la jument sacrée. Elle arriva accompagnée par deux colonnes des Sages du Conseil et des célèbres féticheurs donzos de Bô. A sa vue, des hommes tombèrent à genoux, domptés par l'aura qu'elle dégageait. Le soleil faisait des effets étourdissants sur les plaquettes d'or qui ornaient les côtes et le front de l'animal sacré. Le Maître griot prit sa bride dorée et le conduisit au milieu des calebasses, sur l'espace qui lui était destiné.

Aussitôt, le Tamani[9] retentit, un vieux griot annonça l'entrée en scène du Chef et de sa délégation. Un cri de liesse réveilla la foule de son hypnose passagère, et de chœur, elle scandait le nom du Chef bien aimé « Babè KANU ! ». Celui-ci conduisait sa délégation d'une allure prestigieuse, et à pas mesurés, ils descendaient les marches de la colline vers le centre de la place animée.

Habillé en tunique blanche, faite de coton local, sans coiffure, son cou et ses bras brillaient de mille feus. Lui qu'on n'avait jamais vu avec des bijoux d'or, même lors des fêtes nationales, ses atours cette fois le rendaient quelque peu méconnaissable aux yeux de ses concitoyens. Du moins, il en était plus beau et plus raffiné pour les femmes, qui n'arrêtaient pas de lui sourire béatement.

Il prit place avec ses conseillers, au beau milieu de la voie lactée qui séparait la foule, en face de la colline. Le Chef fit signe de la main, et le Maître griot en grand maître de cérémonie enclencha une nouvelle phase du rituel.

Les chanteuses reprirent une vieille chanson du terroir, qui n'est chantée qu'à des grandes occasions comme celle-là, pendant que les vierges susurraient, calebasses de fleurs en mains, des mots à peine audibles. Les calebasses en argile

---

[9] - Instrument de musique traditionnel, à la forme d'un petit tam-tam.

autour de la jument sacrée s'enflammèrent soudainement, les maîtres féticheurs marmonnaient et sautillaient des deux côtés de la Jument. C'était un spectacle mystique devant les regards crédules et médusés d'un public conquis.

Durant des heures, du chant, du clappement des mains, des tam-tams, des incantations, des cris, des apparitions magiques, les sujets de Bô s'en régalaient la vue et s'en félicitaient. Ils s'expliquèrent beaucoup de leurs malheurs par l'abandon de cette tradition.

Le rituel prit fin vers midi. Le Maître griot annonça la pause-déjeuner. Les jeunes griots organisèrent la foule en petits groupes de convives. Les plats de viande et de haricots, accompagnés de paniers de fruits, affluaient du centre ville, portés par des colonnes de femmes de tout âge, bien vêtues et bien soignées. C'est sur la place publique autour du grand baobab, que les 111 bœufs avaient été immolés et les cuissons préparées, sous la direction et le regard méticuleux de la grande marraine.

Après le déjeuner servi en grande pompe, l'heure de la croisée des fers entre les chevaliers fut avancée, car le soleil avait pris le parti des pèlerins en occultant son ardeur, et s'habillant de nuages clairs...

La journée fut mémorable, unique en son genre. Tout y avait concouru. De la nature aux hommes, la jument sacrée avait créé une synergie à sa gloire. C'est comme si, un besoin indescriptible et enfoui depuis fort longtemps, venait d'être subitement comblé. Tous avaient acquis le sentiment d'une invincibilité à toute épreuve.

Pendant toute une semaine, les familles, les grins et les marchés ne s'entretenaient que des souvenirs de cette cérémonie. Les uns regrettaient pourquoi, on avait dû attendre si longtemps pour comprendre que leurs malheurs et les récentes menaces d'agression étrangère étaient liés à l'abandon du culte du bouclier occulte ; et les autres s'étonnaient que cette revivance de la tradition soit faite par le leader le plus progressiste de sa génération. Ce revirement idéologique inquiétait certains de ses proches, qui se demandaient s'il aura le courage, après ça, d'appliquer ses promesses de campagne de refondation des pratiques culturelles.

Quant au Conseil des Sages, il en était heureux et a salué à l'unanimité la réhabilitation du culte de la jument sacrée, le bouclier occulte de Bô. Le Conseil a jugé opportun de décerner à leur bienfaiteur Chef de Bô, le titre de « Gardien du blon[10] ». Ceux qui, avec son ascension au pouvoir, craignaient un bouleversement de l'ordre public traditionnel ne s'expliquaient pas toujours ce revirement de situation. Ils étaient tous, bon gré mal gré, séduits par sa démarche.

Le Conseil des Sages envoya, tout de même, au Chef, un message de vigilance, consistant à renforcer la garde de ce qui est devenu selon eux, le trésor le plus précieux de Bô : la jument sacrée, contre tous ses totems.

---

[10] - C'est le lieu de rassemblement où tout se règle selon la tradition. Il représente l'ensemble des Vestibules du Village.

Chapitre IV :

La jument sacrée disparaît

Le Chef Babè KANOU entrait dans sa période de grâce où tout lui était favorable. Le peuple dans son ensemble à travers les institutions, les couches socioprofessionnelles, les grins politiques se disait prêt à le suivre dans ses projets ; lui qui venait de flatter leur dignité et de renforcer leur sureté.

Personne ne pouvait mal parler de lui en public, même pas ses détracteurs les plus féroces pendant la campagne écoulée. Le seul qui daignait encore chuchoter dans les murs, à propos du prétendu concubinage du Chef, était Kokèba DIOURTE. Il se racontait que de moins en moins de jeunes lui prêtaient oreille. On préférait tantôt croire à la version d'un mécénat à l'endroit de la fille d'un oncle qui vit très loin de chez soi, tantôt à la version d'un concubinage secret qui ne dérange en rien la République. Certains jeunes pensaient en effet, que cette perception de sainteté des dirigeants est irréaliste et erronée. Tant que les dirigeants n'exposaient pas leurs vices en public et, que ceux-ci ne nuisaient pas à la République, les jeunes progressistes les trouvaient tolérables.

De son côté, le Chef Babè, avait décidé de ne jamais réagir à ces rumeurs et de garder secret son mariage avec la fille de son oncle Boro de Dio, conformément à la volonté de ce dernier. Il faut croire qu'il n'en voyait plus l'utilité, vu qu'il jouissait de la confiance de tous.

Fidèle à ses promesses de campagne, il décida par contre, que c'était le bon moment de s'attaquer aux pratiques culturelles néfastes. Et la première sur sa liste était le sacrifice des enfants albinos, toujours pratiqué dans certaines contrées de Bô.

Il donna l'ordre de convoquer à une réunion restreinte avec son Conseil, les cinq maîtres Soma qui en étaient les auteurs ; cette réunion devrait être ensuite élargie au

Conseil des Sages. Le Maître griot transmit le message par les soins de ses commis et publia ensuite le communiqué officiel d'une série de rencontres entre le Chef Babè et les Soma à l'effet de l'interdiction du sacrifice des enfants albinos à Bô.

La nouvelle se répandit comme une trainée de poudre. Les femmes en étaient les plus joyeuses. Les unes rappelaient aux autres, qu'il en avait fait la promesse durant sa campagne. Elles le surnommèrent le « kankélé tigui[11] ».

A la veille de la rencontre avec les Soma, le Chef Babè a invité à diner, en secret, le Coordonnateur du Conseil des Sages, l'homme le plus âgé et le plus réservé du pays. Le diner fut suivi d'un entretien en la présence du Maître griot.

Le Chef Babè

- Honorable coordonnateur des Sages de Bô, je te voue un respect profond depuis ma tendre enfance, pour ton air imperturbable précautionneux et ton sens élevé d'humanité. Cher père, tu as suivi certainement ma campagne et tu sais, combien je suis opposé au sacrifice des enfants albinos. Je regrette que mon père, en son temps, ne l'ait pas tout simplement banni. Je souhaite connaitre ton opinion sur cette pratique, grand maître ?

Le Sage Dambé

- Votre excellence, je te remercie pour cette opportunité, afin de m'éclairer sur cette partie de ton programme de campagne, qui m'a beaucoup intrigué jusqu' à la réhabilitation, que tu viens de réussir, du culte de la jument sacrée. Un adage ne dit-il pas « quitter un Village vaut mieux que tenter de déraciner une vieille tradition ? ». Je sais que

---

[11] - Celui qui n'a qu'une parole, en langue bamanan.

tout n'est pas beau dans nos traditions, mais le changement à ce niveau, doit être fait méthodiquement et progressivement. Le Bô d'aujourd'hui n'est pas celui du temps de ton père, et celui de son temps n'est pas le Bô du temps de Kafourou.

Votre excellence, Babè KANOU, le sacrifice des albinos fait partie de nos pratiques millénaires. Les cinq Soma que tu as convoqués sont ceux qui le réclament ouvertement ; mais ne commets pas l'erreur de penser qu'ils sont les seuls.

Nos ancêtres ont pensé, à tort ou à raison, que ces enfants sont le fruit d'un mélange de spermes de djinns et d'hommes avant la conception. Leur sacrifice au Dieu Talou, qui a interdit les liens charnels entre nos deux espèces, procure des faveurs énormes. En la matière, selon des rites spéciaux, le Dieu Talou exauce le vœu du donateur : pouvoir, fortune, santé, victoire, femme, récolte, nomme ce que tu veux. Toutefois, arrivés à l'âge adulte, ces enfants ne sont plus d'aucune utilité.

Le comble, ceux qui sont connus avoir fait ces sacrifices ont régné sur Bô par le passé, gagné des victoires lors des batailles pour certains, et pour d'autres, beaucoup de richesses. Ces faits ont renforcé la conviction de la peuplade en ce mythe, et le cercle s'est ainsi bouclé.

T'attaquer à ça maintenant, c'est affronter certains des hommes les plus puissants de notre Etat.

Le Chef Babè

- Cher Maître, le sage des Sages, Dambé NONFOU, tu es d'un caractère aussi rare que ton nom, comme aime à le dire le Maître griot : fort et doux, cultivé et prévoyant.

Sauf ton respect, j'ai l'impression que tu ne veuilles pas répondre à ma question. Tes mises en garde, que je prends très au sérieux, ne reflètent pas forcement ta propre opinion sur cette pratique. Voudrais-tu que nous soyons seuls, pour être les seuls dans le secret de ton opinion ?

Le Sage Dambé

- Non, Votre excellence ! Nul besoin ! Le Maître griot est digne de confiance. Il porte des secrets bien plus lourds que celui de la conscience de votre humble serviteur sur cette tradition. Vous avez raison et vous êtes bien attentif, qualité rare chez les Chefs de nos jours. J'ai bien peur que mon opinion propre ne vous précipite dans ce que vous devez éviter.

  Je pense en effet, intimement, que le sacrifice humain doit être banni de notre culture, tôt ou tard. Mais je me demande s'il est encore temps de le faire.

Le Chef Babè

- Donc, grand maître, tu ne crois pas toi-même au mythe que tu viens de me rappeler à l'instant ? Les albinos sont donc, des humains à part entière ?

Le Sage Dambé

- Je sais que vous savez ce que je sais. Mais notre adage dit vrai : « quitter un village vaut mieux que déraciner une vieille tradition ». Car les conséquences sont parfois fatales au vivre-ensemble.

Le Chef Babè, avec un air heureux, embrassa délicatement le vieux sage, en présence toujours d'un Maître griot silencieux, qui, tout de même souriait et caressait sa barbe blanche.

Le Chef Babè

- Mon père, je loue le Dieu de l'Univers, de trouver en toi un allié de poids. Tu as dû tant souffrir, avec cet énorme poids sur la conscience ; aides-moi donc, à te soulager et à soulager tout le peuple de Bô.

  Nos ancêtres ont omis d'ajouter à l'adage qui est responsable de ton embarras, que: « quitter un Village vaut mieux que déraciner une vieille tradition aimée ou nourricière du peuple ». Même là, il suffirait pour un Chef, de rendre détestable aux yeux des populations, une tradition qu'il compte abolir. Il n'y a rien d'inflexible pour qui sait ruser et aviser.

  Les temps ont changé. Nous vivons aujourd'hui dans une République démocratique. Et le sacrifice des enfants albinos n'est ni aimé ni nourricier du peuple, qui a presque unanimement voté pour mon programme. Je pense que l'heure que tu attendais est venue sur la pointe « des pieds ». Et c'est heureux ainsi.

  Cher coordonnateur, je pense qu'à leur arrivée demain matin, les Soma vont te rendre une visite d'usage et de courtoisie, si j'en crois le Maître griot. Je souhaite de tout cœur, que nous conjuguions nos efforts, pour que cette révolution qui va les frapper, soit acceptée et la moins douloureuse possible.

Je veux être la résolution de ce que tu auras déjà réussi en introduction, à ton niveau. Je souhaite que le Maître griot t'aide dans cette délicate mission.

Le Sage Dambé

- Mon fils, que puis-je te refuser ? Si tu es prêt à mourir pour une cause, j'en serai le premier martyr. Le Maître griot est certes, le mieux indiqué pour m'accompagner dans cette voie.

Le Chef Babè

- Mon père, personne ne mourra en défendant la vie. Si la mort doit nous frapper pour cela, je suis convaincu qu'elle frappera tout Bô, car nous ne faisons que sa volonté. Rassures-toi, grand maître, je suis décidé, et ne reculerai pour rien. Les Dieux te protègent !

Sur cette note, le dîner prit fin. Le Chef se leva, suivi de ses convives. Le Maître griot raccompagna le Coordonnateur du Conseil des Sages, en papotant sur le test de nerf qu'il venait de faire subir au jeune Chef, et auquel celui-ci a réussi avec brio.

Le lendemain, très tôt le matin, le bruit a couru dans la ville, que les cinq grands Soma les plus redoutés entraient avec leurs « como »[12], pour en découdre avec l'intrépide Chef Babè. A cette nouvelle, les rues et les ruelles se sont vidées rapidement de leurs passants. Toutes les maisons riveraines avaient les portes étrangement fermées. Et il régnait au cœur de la ville, un silence assourdissant...

Au palais, l'atmosphère était pour le moins pesante. La garde s'affairait aux préparatifs de l'accueil suivant les

---

[12] - Fétiches, idôles anémistes.

instructions du Maître griot, et aux détails sécuritaires du Chef sous les ordres de leur commandant.

Au même moment, le Chef Babè était en conversation avec sa femme et deux de ses conseillers. Il n'appréciait pas, pourquoi la rumeur sur les Soma et leur intention de l'assassiner mystiquement, n'a pas mobilisé le peuple guerrier autour du palais, au lieu de le renvoyer se terrer dans ses domiciles. Ce peuple qui n'a jamais abandonné, ni un roi ni un Chef sur le champ de bataille. Sa femme, très craintive, profitait de sa déception pour le mettre en garde contre toute décision brutale qui contrarierait les Soma lors de leur rencontre.

Les conseillers, quant à eux, le rassuraient, qu'il est normal que les populations aient peur, parce qu'elles n'ont jamais connu une situation pareille. Et que, contrairement à ce qu'il dit, tout Bô ne s'est pas défilé, puisque sa garde était au complet, ainsi que les conseillers qu'il a invités au palais.

Bien qu'il s'efforçât de présenter un visage serein, cela ne trompait personne, son anxiété le figeait par moment. D'ailleurs, il n'avait pas bien dormi. Il avait dû prendre des précautions suivant les usages traditionnels, très tard dans la nuit, en se lavant aux eaux des sept (7) calebasses de sa tribu, et en invoquant le Dieu de l'Univers, qu'il appelait intimement MA. En effet, dans la théogonie religieuse de sa tribu, le MA est au-dessus de tous les autres dieux, même s'Il n'intervient que rarement dans les affaires humaines.

Le Maître griot lui avait aussi remis un foulard blanc, en guise d'amulette qu'il portait autour de son cou. En plus, il s'était mis d'accord avec celui-ci, qu'il n'y aura pas de poignet de mains avec les Soma, et qu'ils seraient assis à un mètre de lui. Jadis, le père de Babè lui avait appris, que les mauvais sorts tant craints par les crédules, sont en fait, pour la plupart, des poisons distillés dans du vin ou pénétrés dans la peau au touché des mains des commanditaires. C'est l'une des raisons, pour lesquelles il préférait toujours les accolades aux poignets de mains.

Comme annoncé, les Soma, à leur arrivée, se sont dirigés d'abord vers la maison du Coordonnateur du Conseil des Sages, Dambé NONFOU.

Ce dernier s'était déjà préparé à les accueillir, dans son vestibule, en compagnie du Maître griot. C'est avec empressement, qu'au bruit des sabots et des pas des nouveaux hôtes de la ville, que les deux Sages ont rejoint le protocole à la porte, pour l'accueil de bienvenue. Cela est une marque d'estime et d'humilité à Bô, que le plus âgé du Conseil des Sages ne témoigne qu'à l'égard du Chef de Village et des hautes personnalités étrangères.

Le Maître griot

- Soyez la bienvenue, dignes fils de Bô, les archers invisibles de nos batailles remportées, les guérisseurs de nos maux, les maîtres de la forêt ! Le Coordonnateur du Conseil des Sages vous félicite pour avoir enduré les tracas du voyage, et avant même de vous reposer, de venir lui présenter vos civilités. Votre démarche l'honore et lui convient. Il vous en remercie. Bienvenue !

Le Soma le plus âgé

- Merci, Maître griot. Transmets notre gratitude au grand maître Dambé, le coordonnateur des Sages de Bô, pour sa marque de respect et de considération. Cela ne peut être le fait que d'un Maître Soma, qui se dissimule au grand jour. Nous sommes heureux d'être ses obligés, car il mérite tout le respect. Ses qualités intrinsèques lui ont valu cette position, que rien ne peut se décider à Bô sans lui.

Le Maître griot

- Votre révérence [en s'adressant au coordonnateur Dambé] ! Voilà, les propos !

Le Sage Dambé

- Qu'ils en soient remerciés ! Ils ont quitté leurs maisons, et dans leurs maisons, ils sont arrivés. Qu'on leur donne à boire et qu'on les fasse entrer dans la paix, je vous prie.

Le Maître griot demanda aux cinq Soma de les suivre dans le vestibule et invita le reste de la délégation, à aller se reposer sous le grand arbre où les dispositions avaient été prises pour les accommoder, le temps de leur entretien.

Après s'être désaltérés et débarbouillés, les cinq Soma se trouvaient seuls en face du Sage Dambé et du Maître griot. Celui-ci demanda à ses hôtes s'ils souhaitaient qu'il se retire. Ces derniers répondirent, qu'ils n'ont pas de secret pour le Maître griot de Bô, et qu'ils lui faisaient confiance tout comme le grand maître Dambé ; celui-ci, avec un air innocent, acquiesça et demanda au Maître griot de rester.

Le Sage Dambé

- Chers hôtes, chers condisciples [en s'adressant directement aux Soma, ce qui signifie qu'il veut leur parler sans contrainte protocolaire], que me vaut le plaisir de votre visite ?

Le Soma le plus âgé

- Rien de mal, cher aîné. En plus de la visite, nous voudrions nous entretenir avec vous sur un sujet très délicat, celui de l'interdiction envisagée d'une pratique traditionnelle millénaire à Bô, le sacrifice des enfants albinos. Comme vous le savez déjà, c'est l'objet même de notre convocation au palais cet après-midi. Mais avant, nous souhaitions connaître votre opinion là-dessus, pour voir s'il y a des possibilités de convergence de vue.

Le Sage Dambé

- Merci, chers cadets pour cette haute considération. Mais d'abord, je souhaite connaître la vôtre, et ensuite je vous dirai ce que j'en pense.

Le plus âgé des Soma fit signe à un de ses pairs de prendre la parole.

- Grand maître Dambé NONFOU, Coordonnateur du Conseil des Sages de Bô, je vous ai vu dans mon songe, assis à la cime d'une montagne. Je ne vais jamais à une rencontre sans sonder les Esprits au sujet de mon interlocuteur. Vous avez les faveurs des Dieux. Vous êtes le gardien de leur jardin. Veillez-en jalousement !

Grand maître, quelle opinion un serviteur peut avoir face à l'offense qu'on veut faire à son maître ? Interdire le sacrifice des hybrides, c'est mettre en colère le Dieu Talou, et cela ne restera pas sans conséquence. Nous sommes contre ce projet suicidaire.

Ce sacrifice fait partie des traditions ancestrales, qui ont apporté beaucoup de biens à notre Nation. Toutes les grandes victoires et toutes les grandes réalisations infrastructurelles de nos défunts rois portent l'emprunte de ce sacrifice. C'est une pratique d'utilité publique, si on n'y regarde de plus près.

Nous ne sommes pas des politiciens. Nous sommes des dépositaires de como, des chasseurs et régents des problèmes humains. Nous n'agressons pas, mais nos représailles sont imparables.

Nous avons l'intention de demander au Chef de l'Etat de faire sa politique et de nous laisser tranquille. Bien des promesses de campagne sont restées lettres mortes par le passé, et celle-ci ne sera pas la dernière.

Par ailleurs, nous constatons une occidentalisation à outrance de notre société. On veut de plus en plus ressembler en tous à ces toubabs que nous avons farouchement combattus. Si nous abandonnons toutes les traditions qui fondent notre identité, à quoi ressemblerons-nous ? Aux toubabs ? Non ! Nous disparaitrons tout simplement. Ils auront gagné par la ruse ce qu'ils n'ont pu faire par les armes : l'assimilation et l'uniformisation. Voilà l'abomination ! Nos héros de guerre, nos grands rois bâtisseurs ? Morts, pour rien !

Le Sage Dambé

- Brave homme ! Je t'en prie. N'allons pas trop vite en besogne ! Chers cadets, je vous ai attentivement écoutés. Je vous invite à la prudence et à la retenue. Vous avez peut-être raison, mais si vous présentez votre cause de cette manière devant le Chef de Bô, vous déclencherez un conflit qui vous engloutira tous, voir Bô avec. Je ne pense pas que cela soit votre souhait, patriotes que vous êtes.

Vous avez l'avantage de connaître l'objet de votre convocation, et son auteur n'est ni un étranger ni un ennemi, mieux il est votre souverain. Sachez tirer profit de cet avantage...

S'agissant de mon opinion, je partage le fond de la vôtre. Néanmoins, ainsi que vous le savez, la société évolue, et personne ne peut arrêter son mouvement. L'institution dans nos traditions du sacrifice humain, vous l'avez rappelé d'ailleurs, n'est pas le fait de cette génération ni de celle qui l'a précédée.

Il y a trois cents ans, on sacrifiait encore, chaque année, la plus belle vierge à la berge du fleuve Nozon. Cette pratique coutumière et séculaire a été bannie par le roi Dakoumou de tout le Royaume de Bô. Et à partir de là, jusqu'à nos jours, aucun roi ou Chef n'a songé à restaurer cet ordre sacrificiel. Vous savez pourquoi ? Parce que les générations ultérieures l'ont trouvé horrible et injuste, et l'ont laissé sous les gravas de l'histoire.

Il ne serait pas raisonnable de notre part, ni juste, de vouloir imposer à cette génération, une tradition née d'une autre époque, millénaire soit-elle, qu'elle juge horrible et injuste. Non ! Ce ne serait pas une démarche honorable…

Quand vous dites que l'abandon de cette pratique serait une autre tentative d'occidentalisation, permettez-moi, chers cadets, de vous corriger. Dans l'ancien Royaume de Bô, si on en croit nos griots, jamais un sacrifice humain, y compris d'enfant albinos, n'a été pratiqué dans le Village de Dio. Et cela, bien avant que le Royaume n'entre en contact avec l'Occident. D'ailleurs, de nos jours, toutes les familles de Bô qui le savent et qui désirent mettre à l'abri leurs enfants albinos, entreprennent le périple jusqu'à Dio. Alors, pourquoi ne pas parler plutôt de « Diotisation » au lieu d'occidentalisation ?

Chers cadets, je suis un Soma dans l'âme, et vous le savez. Je suis conscient de tous les récits derrière ce sacrifice, et de tous les dangers qu'on court en l'interdisant. Mais je me dis, si Dio a pu survivre à son reniement, nous le pouvons aussi. Nous devons chercher ensemble les voies et moyens, d'apporter

les ressources adéquates au changement positif des besoins déjà opéré, par notre peuple. C'est notre devoir.
Le Chef Babè nous a juste devancés. Il est tout sauf anti-traditionnaliste. Il vient de restaurer un vieux culte abandonné, il y a quelques décennies, par nécessité je concède, mais plus vital à mon sens pour Bô, si on en croit nos ancêtres. Pourtant, qui s'était opposé à cet abandon ? Même pas le Conseil des Sages. Parce que la mort était à nos portes, nous nous accrochions à tout ce qui pouvait nous permettre de sauver la vie de nos enfants. Vous me direz, quelle nécessité nous accule aujourd'hui, à l'interdiction du sacrifice des enfants albinos ? Je pense que c'est la nécessité de la civilisation continuelle de notre société. La civilisation est un processus sans fin. Tant qu'elle tend à renforcer trois principes, j'en suis partisan : la protection de la vie, la valorisation du travail et la consolidation de la solidarité face aux menaces communes. A l'aune de ce tamis, je consens ou pas, à l'évolution de nos usages et coutumes.

Chers cadets, je pense que le Chef Babè est résolu d'aller de l'avant avec cette reforme soutenue par les populations, en utilisant la force s'il le faut.
Je prie qu'on n'en arrive pas là, car tout le monde y perdrait.

Chers maîtres Soma, je pense qu'il serait plus approprié de négocier un sursis à l'interdiction de cette pratique, pour vous permettre de prendre toutes les précautions utiles et nécessaires, afin de nous éviter les éventuelles et fâcheuses conséquences de cette aventure.

Le plus âgé des Soma

- Bien parlé, grand maître, coordonnateur des Sages de Bô ! Vous êtes connu pour votre langage franc, ferme et courtois. Votre conversation est toujours riche d'enseignements.

  Nous étions venus résolus de trouver avec Babè une solution à l'amiable, ou si nécessaire, d'en découdre avec lui...

  Après vous avoir écouté, nous ne sommes plus sûrs de ce qu'il faut faire. En ce genre de circonstance, l'expérience nous enseigne de prendre du recul. Aussi, voudrions-nous demander la permission de nous retirer, pour nous concerter avant la rencontre avec le Chef du Village.

Le Sage Dambé

- Je n'ai pas d'objection à cela ; c'est ce qui convient de faire. A moins que le Maître griot veuille ajouter quelque chose ?

- Tout a été dit, et bien dit, rassura le Maître griot.

- Alors, chers cadets, vous avez la route.

Les cinq maîtres Soma prirent congé de leur hôte et regagnèrent, l'air abattu, leur escorte au repos. Ils restèrent une quarantaine de minutes sous l'arbre, se restaurèrent et se mirent après en marche vers le palais. Il était déjà quatorze heures plomb. C'est un instant clé dans la mystique des Soma.

A leur arrivée au palais, le commandant de la garde cheffale Mamassiran et le protocole ad hoc désigné par le Maître griot étaient à l'accueil, munis d'un panier de colas en guise de présent de bienvenue de la part du Chef Babè, pour les remercier d'avoir si promptement répondu à l'invitation. Les Soma ont apprécié le geste, mais ils ont gentiment décliné l'offre.

Après avoir pris les dispositions pour installer l'escorte et expliqué aux Soma les consignes de tenue lors de l'audience, le commandant les a directement conduit au vestibule du Chef, qui les attendait debout avec ses deux conseillers et son fils Matiè.

Après les salutations d'usage, le prince Matiè demanda à se retirer. Le Chef Babè ouvrit cette fois encore, l'audience lui-même, en absence de son chef de protocole ; ce qui dénote exceptionnellement l'extrême gravité de la matière à traiter.

- Chers maîtres Soma de Bô, je vous souhaite encore une fois, la bienvenue. Mon chef de protocole et premier conseiller, le Maître griot, n'est pas invité à cette audience, compte tenu de son statut social. Cela, pour que sa présence ne vous mette mal à l'aise, dans l'expression de ce que vous avez sur le cœur au regard du sujet qui nous réunit. Je souhaite que la conversation soit droite et me permette de prendre la décision qui s'impose, pour le bonheur des boas[13]. Nous venons de loin. Chaque roi, chaque Chef d'Etat a essayé de donner le meilleur de soi, parfois sa vie, pour servir cet idéal.

  Chers maîtres Soma, comme vous le savez, j'ai fait une promesse au peuple de Bô qui en attendait beaucoup de moi, pendant la campagne, que le sacrifice des enfants albinos sera interdit la première année de mon mandat. L'homme, c'est la parole donnée. J'ai l'intention de l'honorer. Mais ce faisant, je ne veux rabaisser personne, je ne veux insulter personne, je ne veux abandonner personne, surtout pas nos vaillants maîtres Soma, qui ont toujours tout donné à Bô, et contre qui, je ne peux arriver à rien s'ils ne consentent. Je sais

---

[13] -Citoyens de Bô.

que, si vous consentez à cette interdiction, personne d'autre à Bô n'osera la remettre en cause.

J'ai prévu, à titre de compensation, de construire un lieu de pèlerinage pour les como et le Dieu Talou. Dans ce sens, une caisse de solidarité sera instituée, et tous les citoyens pourront y contribuer. Un jour de pèlerinage férié et payé, à votre convenance, sera décrété officiellement, à l'intention de vos condisciples parmi les fonctionnaires de l'Etat. En plus, un pécule vous sera versé annuellement, pendant trois ans. Voilà de modestes mesures d'accompagnement, pour avoir veillé sur une si vieille tradition de notre terroir, mais pour laquelle les nouvelles générations ont décidé de donner un autre sens, celui du droit à la vie pour tous les êtres humains, quelque soit leur race, couleur ou origine. Si les Dieux ont permis qu'ils naissent, c'est qu'ils veulent qu'ils vivent.

Chers maîtres Soma, voilà en détail l'objet de votre invitation. Qu'en dites-vous ? Vos observations et recommandations ont toujours reçues le traitement dû, à la cime de cette colline.

Le plus âgé des Soma

- Merci pour la parole, votre excellence, le Chef de tout Bô. Nous sommes touchés par votre hospitalité et votre humilité. Vous êtes si prévoyants. Nous trouvons vos propos mesurés et respectueux. Vous nous avez présenté la cause et les moyens. Mais ce qui nous préoccupe le plus dans une telle entreprise, c'est les conséquences de l'acte. Le Dieu Talou est un Dieu vengeur. Nous vous demandons un sursis de 7 jours, pour explorer les voies et moyens appropriés, en vue de concrétiser à moindres frais le vœu du peuple.

Le Chef Babè

- Chers maîtres Soma. Sauf votre respect, je ne comprends pas l'utilité d'un sursis, si vous consentez à ma proposition. Nous chercherons ensemble, ces voies et moyens appropriés, même s'il faut aller fouiller à Dio.

Il y eut un moment de silence. Le plus âgé des Soma regarda ses pairs, d'un air interrogateur. Chacun, tour à tour, dit qu'il s'en remettrait à sa décision.

Le plus âgé des Soma

- Avant de venir à votre rencontre, excellence, nous avons rendu une visite de courtoisie au grand maître Dambé du Conseil des Sages ; je doute si vous ne le saviez déjà. Et votre griot y était. Des échanges que nous avons eus, notre cœur a été apaisé et notre raison abreuvée. Nous n'avons jamais voulu que le bien de Bô et de ses habitants. Si Bô et ses habitants veulent changer une de leurs tuniques, c'est leur droit. Nous, nous ne sommes que ses serviteurs.

Qu'il soit fait selon votre volonté !

Le Chef Babè

- Vous m'obligez, chers frères. Vous m'obligez...

Le Chef Babè était visiblement très ému. Il n'espérait pas mieux. Il ne pensait pas obtenir leur adhésion si facilement et respectueusement. Il a osé, et il a réussi. La nouvelle s'est vite répandue dans toute la ville.

Il se racontait à propos de la conversation entre le Chef Babè et les maîtres Soma, toute sorte de scénario. Certains se plaisaient à penser que les cinq Soma avaient jeté sans succès leurs mauvais sorts sur le Chef Babè, avant d'accepter de se soumettre à sa décision. D'autres disaient que le Chef, par le don de collas de bienvenue aux Soma, les avait mystiquement désarmés ; ils avaient alors dû jeter tout ce qu'ils avaient préparé contre lui, sur l'arbre à Néré derrière le palais qui s'assécha immédiatement et perdit toutes ses feuilles. Des groupes de personnes se sont affairés autour de cet arbre pendant plusieurs jours, pour admirer ce prétendu effet de sorcellerie

Quant au Chef du Village, ainsi que prévu, son ordre fut publié par le Maître griot dans un communiqué portant interdiction du sacrifice des enfants albinos sur tout l'étendu du territoire national.

A cette nouvelle, les femmes prirent spontanément la rue, pour manifester leur joie et leur reconnaissance « au meilleur des Chefs que Bô n'ait jamais connu », le « kankelé tigui », et le « gardien du blon », « Qu'il vive à jamais ! ».

Au cinquième jour de ce décret historique, un événement inédit ébranla toute la ville. Le ciel, en effet, depuis la moitié de la course du soleil, s'était assombri ce jour-là de manière particulière. C'était effrayant. Un orage violent s'en est suivi toute la nuit, et ravagea les arbres et les toits des maisons, y compris celui qui coiffait la jument sacrée. L'orage ne s'est calmé que vers la deuxième moitié de la nuit. Le commandant de la garde cheffale, en inspectant le palais, s'est rendu à la case de la jument sacrée, dont le toit avait été visiblement enlevé par la rage de l'orage. Il ouvrit la porte à clé, et l'inimaginable s'était produit : la jument n'y était pas, elle avait disparu.

Pris de panique, le commandant resta un instant immobile ; après, il rapprocha le garde qui était posté non loin de la case. Celui-ci lui jura de n'avoir vu personne déplacer la jument et n'avoir jamais quitté son poste depuis le début de la nuit, malgré la violence de l'orage.

Les deux, ensemble, inspectèrent les alentours de la case, il n'y avait aucune trace de sabots. « Comment est-ce possible », s'interrogèrent-ils ? « Faut-il combien de personnes, pour soulever une jument pareille » ? « Minimum, une dizaine », estimèrent-ils. « Est-ce possible que des agents secrets du Village de Koumbi, aient violé leur serment et infiltré le palais à la faveur de l'orage, pour dérober la jument sacrée, en vue de déclencher une nouvelle guerre ? ». Pourtant, des traces de pas d'hommes, à part les siennes, ils n'en trouvaient guère dans le périmètre de la case. La tête du commandant était sur le point d'exploser, à force d'effleurer les hypothèses, les thèses et antithèses de ce fait énigmatique.

Il se résolut enfin, d'alerter le Chef Babè. De son côté, celui-ci n'ayant pas dormi toute la nuit, se préparait à sortir mobiliser sa garde personnelle, pour descendre immédiatement en ville assister les premiers sinistrés. Les deux se croisèrent dans le couloir qui relie les appartements du Chef au quartier des gardes du palais.

Voyant la sueur ruisseler sur le visage du commandant, dans une fraicheur macabre qui suit généralement la fin des orages, une frayeur ébranla soudainement tout le corps du Chef. Il pensait, que son fils avait été frappé par la foudre, lui qui sortait toujours en de pareilles circonstances, pour donner des coups de main à ses voisins. Son rythme cardiaque s'est accéléré... Il s'arrêta de marcher.

- Mon commandant, qu'y a-t-il ?
- Excellence, le refuge des boas, un grand malheur nous a frappés...
- Mon fils Matiè est mort ?
- Non ! Dieu le préserve encore 1000 ans. Non ! Pire... la jument sacrée... a disparu.

- Comment ça !!! Disparu ?
- Disparu !... Quand je suis arrivé à sa case il y a une heure, le toit avait été enlevé par la fougue du vent, mais la porte était toujours fermée à clé. Nous sommes trois à détenir les clés de cette case sacrée. J'ouvre la porte, le bouclier de Bô n'y était plus. Nous avons regardé tout autour, le garde en poste et moi, il n'y avait aucune trace suspecte, ni d'homme ni de la jument elle-même. Serait-il possible que contre nous les dieux se soient mis en colère ? Faut-il garder le secret, en attendant d'y voir plus clair ? Et si nos Villages rivaux, voire nos ennemis blancs, l'apprenaient ? Faut-il préparer le peuple à la guerre, car elle me paraît inévitable...
- Patience, mon commandant ! Cette situation est inédite, je l'avoue ; mais ce n'est pas en se précipitant qu'on trouvera la bonne solution. Les dieux sont imprévisibles, mais justes. Ceux qui ont fait ça, ne sont pas certainement de Bô. Informes immédiatement le Maître griot, qu'il me retrouve au blon sans attendre.

  Nous allons commencer par informer et rassembler notre peuple. Ensemble, comme à l'accoutumée, nous traverserons cette nouvelle épreuve. J'en suis certain.

Le Maître griot vint au palais, les pieds nus et sans coiffure. Avec le Chef, ils s'entretinrent une bonne heure. Ils ont convenu que le violent orage et la disparition de la jument sacrée étaient liés. La malheureuse nouvelle ne devait pas être cachée au peuple. « Le malheur forge les caractères », disait-on à Bô. « Bô saura se réinventer et sera reconnaissant pour la confiance en lui placée ».

Chapitre V :

Le Maître charlatan et la frasque d'une météorite

A l'aube de ce jour sombre, tout le Village se réveilla consterné par le message du crieur public : «...la jument sacrée, le bouclier occulte du Village, la compagnonne inséparable du Village vient de disparaître. Tous les patriarches des toutes les tribus sont immédiatement convoqués à une réunion dans le grand vestibule du palais. »

Un émissaire du palais avait été dépêché auprès du Maître Charlatan, qui regagna le palais aussitôt qu'il reçût le message. Lui, le Maître griot et le Chef Babè s'isolèrent un moment dans la case vide de la jument sacrée.

Le Maître griot

- Niédjan BOLI, notre Maître charlatan, l'épervier de Bô, fils de kounadjan, surnommé l'éclair, fils de Monzoni le borgne aux yeux de cristal, ta convocation si matinale au palais est des plus vitales.

  En vérité, tes descriptions et prédictions n'ont jamais été remises en cause. Ainsi, es-tu devenu avare en parole ; tu ne sondes la poussière qu'à des occasions rares et difficiles, et à la demande du Conseil et du Chef de Village.
  Maître, nous sommes désemparés. Hier soir, la jument sacrée a disparu de cette case, sans effraction aucune !

  Maître charlatan, touches la terre, tapes aux portes des invisibles, regardes le ciel et interroges les esprits ! Trouves de quoi dénouer l'esprit du Chef Babè, avant la rencontre des patriarches et le Conseil des Sages !

Le Maître charlatan

- Maître griot, n'exagérons pas ! Je ne suis pas un Dieu. Je ne suis que l'interprète de leurs signes. Tiens, apportes-moi de la terre, des traces de sabot de la jument sacrée.

Pendant que le Maître charlatan s'arrangeait et murmurait des mots à peine intelligibles, le Chef Babè, spontanément, se mit aussi à faire comme le Maître griot. Au bout d'une minute, le Maître charlatan avait devant lui un petit tas de boue de banco. Il l'aplanit et commença à écrire avec deux doigts de sa main droite, des figures tantôt en forme de branchettes d'arbre tantôt en forme d'animaux. Il effaçait et recommençait, de temps à autres. Au fur et à mesure que durait son exercice, les deux clients spéciaux devenaient de plus en plus anxieux. Chacun spéculait en soi. Le Maître griot imaginait une sournoise attaque sophistiquée d'un potentiel ennemi voisin et craignait l'imminence d'une guerre. Le Chef Babè, quant à lui, se demandait si les Soma ne s'étaient pas finalement rebellés ; ou si, en invoquant l'approbation de leur dieu Talou, celui-ci n'a pas décidé d'enlever la jument sacrée comme rançon à l'abandon du sacrifice des enfants albinos.

Comme si le sort s'acharnait sur eux, le visage du Maître charlatan devenait progressivement sombre et plus inquiet ; et il expiait et lâchait parfois des cris d'étonnement. L'état de convulsion interne de ses interlocuteurs en prenait un coup de flèche. Cela dura jusqu'au lever du soleil où le Maître charlatan rompit enfin son monologue...

Le Maître charlatan

- Maître griot ! Dis au Chef Babè, que la terre mère m'a parlé, elle ne parle pas à tous ses enfants. Oh ! Non ! Elle m'a tenu un langage dur, triste, dangereux mais véridique. La jument sacrée a été enlevée par les djinns Ifrit, qui sont de retour pour se venger de Bô. Ô ! Quel malheur ! Notre Village est dans l'orbite d'une météorite géante, qui nous tombera dessus dans 3 ou 5 jours. C'est ce que les Ifrit ont perçu, et pour nous, c'est le destin qu'ils souhaitent. A moins que le bouclier occulte de Bô soit retrouvé et ramené avant le lever du soleil du troisième jour, à partir d'aujourd'hui. Ô ! Quel malheur ! Retrouver la jument sacrée sera périlleux et mortel ; beaucoup d'hommes y laisseront la vie. Et le premier fils de chaque tribu, devra participer à cette quête. Pas d'alternative ! C'est soit ça, soit c'est l'anéantissement.

  Mais comment amener les hommes à aller se battre contre des djinns, si le Chef adhère à la solution des dieux ?

Le Chef Babè

- Personne n'ira se battre contre des djinns. Cela ne doit pas sortir d'ici. Ce n'est point ainsi au peuple, qu'il faut présenter la situation... C'est déjà bien qu'on ait une solution, ce qu'il y a de l'espoir. Concentrons-nous sur cela. Peut-on savoir où rechercher la jument sacrée ?

- Oui...Il faut la rechercher vers l'est de la grande forêt de Bakoun, revint le Maître charlatan.

- Bien. Doit-on la ramener avant le troisième ou le cinquième jour ? Peut-on être plus précis ?
- Je dirai, avant le troisième jour. C'est notre seul salut, contre les Ifrit et contre la météorite.

Le Maître griot fut alerté par un des gardes, au sujet des patriarches qui commençaient à se regrouper dans le grand vestibule. Il en avertit le Chef Babè, qui libéra aussitôt le Maître charlatan et demanda au Maître griot de prendre les dispositions nécessaires pour la rencontre, pendant qu'il ira se changer.

Ce fut fait. Peu après, le Chef Babè rejoignit ses hôtes.

Sans observer les protocoles, comme il en avait pris l'habitude dernièrement à cause des urgences, le Chef Babè s'adressa directement à l'audience, les patriarches ainsi que les membres du Conseil des Sages et du Conseil du Village réunis.

Le Chef Babè

- Selon le Maître charlatan de notre communauté, dont la parole ne fut jamais mise en doute, la jument sacrée se trouve à l'Est de la forêt de la ville. Sa recherche est périlleuse. Mais, il faut la ramener d'ici trois jours, afin de sauver le Village de la chute d'une météorite. Elle sera d'une telle violence, qu'elle mettra en lambeaux tout le Village ; maisons, hommes, femmes et bêtes sauvages, il n'en restera que ruines et désolation.

Notre grand Maître charlatan recommande, pour la réussite de cette mission de survie, que le premier né de chaque tribu soit mobilisé. Alors, je vous instruis de faire comme il le dit, et de laisser mon premier né, le prince Matiè, conduire la troupe. Et faites vite ! Ils doivent quitter avant le déclin du soleil.

- Votre excellence, s'exclama un patriarche. C'est quoi une météorite ?

- Cher Madi, reprit le Chef, c'est enseigné dans les cours élémentaires d'astrologie à Bô. C'est croire que tous les COULOUNI sont des fainéants et des idiots... [Rires spontanés de quelques uns dans la salle, taquinerie de cousinage entre les KANOU et les COULOUNI]

Sérieusement, c'est bien de rafraichir la mémoire de nous tous. Une météorite est une grosse pierre qui se détache des planètes célestes, et qui a parfois la dimension d'un terrain de tirs à l'arc. La vitesse avec laquelle elle entre en collision avec la terre multiplie sa force de destruction massive.

S'il n'y a pas d'objection à mon instruction, je vous prie de prendre vos dispositions et vos précautions. Que les Dieux nous viennent en aide ! Bô a toujours survécu à ses ennemis. Bô est éternel. La jument sacrée sera retrouvée. Garder la foi.

Aucune discussion ne s'en suivit ; chose rarissime dans le blon. Cela n'augurait rien de bon.

Terrifiés par la peur, et sans murmures, les hommes se levèrent les uns après les autres, et retournèrent dans leurs demeures. Le premier né de chaque famille de Bô ? Ceux qui avaient des filles, songèrent un moment qu'il s'agissait forcément d'un acte sacrificiel, pour retrouver la jument sacrée. Mais la perspective du péril collectif ne leur laissait pas le choix. Et jamais la prédiction du Maître charlatan ne fut démentie.

Chapitre VI :

Le prince Matiè et sa troupe de guerriers

Le soleil entamait sa descente. Il était 14 heures plomb. Dans cette chaleur torride, et à pieds, les patriarches, y compris le Maître griot, ont accompagné au total, soixante dix sept guerriers (vingt-trois femmes et cinquante-quatre hommes) auprès du prince Matiè et de son père, déjà présents à la porte Est de la cité. Le Chef Babè tenait la bride du cheval de son fils. Il paraissait confiant. Il avait confiance aux qualités de meneur d'hommes et de guerrier en son fils ; ce dernier fut d'ailleurs major de toutes les compétitions sportives et militaires de sa génération. A plus d'une fois, il avait conduit à l'étranger avec succès les troupes commando de Bô, venus en soutien à des alliés en détresse.

Malgré cette assurance, quelque chose de surnaturel le faisait tenir publiquement de l'autre main, celle de son fils. Ce qui était contraire aux usages, sans être pour autant un interdit. En effet, les pères n'affichaient jamais leur affection pour leurs fils en public, c'était un signe de faiblesse. Mais le père de Matiè avait des soucis bien plus pressants. Il savait ce qui l'attendait, il savait qu'il devait être deux fois plus brave qu'avant, car l'ennemi pouvait et allait être plus puissant, voire invisible. Mais il le savait prêt, son fils, ce descendant de Tièbashi. L'histoire de sa tribu, de sa famille, les prédictions de son grand père, sa vie d'enfance, ses expériences de jeune homme, tout l'avait préparé à ce moment.

Quand les autres guerriers se regroupaient autour de lui, certains se réjouissaient et scandaient son nom de guerre

« le furtif »[14]. Ils étaient visiblement contents d'être menés par le jeune homme. Une fois le groupe commando au complet, le Chef Babè faisant face à son fils, s'écarta de trois pas, et lui dit :
- Mon commandant ! Voici ta troupe. Tu connais la mission. Que les Dieux de Bô vous guident et protègent !
- Aminaa ! A vos ordres, excellence ! S'exclamèrent-ils, tous ensembles.

Le Maître griot et les patriarches raccompagnèrent le Chef Babè à son palais.

Le prince Matiè et sa troupe se dirigèrent vers l'Est de la grande forêt de Bô, à 21 kilomètres de la ville. A mi-chemin, ils abandonnèrent les chevaux, marchèrent des heures et atteignirent les abords de la forêt vers le crépuscule.

Armés jusqu'aux dents, prêts à toute éventualité, le prince Matiè jugea nécessaire de tenir un conseil avec ses guerriers, avant de se disperser dans différentes directions.

Le prince Matiè

- Vous savez certainement, que la forêt est un espace toujours hanté par les esprits et les djinns. Ils peuvent, envers nous, être indifférents ou hostiles. Soyez donc permanemment sur vos gardes.

    L'ennemi qui nous y attend à l'avantage de la dissimulation et de l'acclimatation. Mais il ne sait peut-être pas que nous arrivons. Alors, avançons délicatement et gagnons en effet de surprise ; ce sera à notre avantage.

---

[14] - On l'avait surnommé ainsi, parce qu'il était très rapide dans ses manœuvres de combat et frappait toujours à l'improviste.

Rappelez-vous, nous sommes les descendants des plus grands guerriers de l'histoire humaine. Mon aïeul Tièbashi faisait aussi bien la guerre aux hommes qu'aux djinns. Jamais il n'abandonna un combat sans avoir gagné la victoire. Avec de tels devanciers, comment pouvons-nous ne pas réussir notre mission : nous ramènerons la jument sacrée !

Pour ce faire, gardons toujours à l'esprit pendant cette mission, ces deux mots courts mais profonds : vaincre ou mourir !

Que cela soit clair. Quelque soit l'ennemi qui la détient, nous le vaincrons ou nous mourrons en essayant.

La troupe réagit par le cri de victoire « Hatè ! ». Visiblement, son discours avait requinqué les cœurs. Il répartit ses chasseurs en groupes de sept, et ils investirent la forêt orientale. Ils passèrent la nuit de ce premier jour à marcher et à fouiller, sans dormir et sans se plaindre. Ils endurèrent...

Pour le célèbre Village des Bô, pour l'honneur, pour leurs femmes et leurs enfants, et pour leur propre survie, ils marchèrent...

Ô qu'elle était belle cette marche ! La marche de la confiance, la marche de la liberté, la marche de la survie, mais aussi la marche désespérée vers l'inconnu. Cela leur faisait veiller les uns sur les autres, avec plus d'empathie. La jument sacrée, et si elle était détenue par les djinns ? C'était le scénario qu'ils redoutaient le plus, mais leur résolution de se battre quoiqu'il arrive, était sans faille, parce qu'à cet instant-là, ce qui comptait le plus, c'était d'échapper à la chute collective. Et, le jour fatidique s'approchait inéluctablement ; il était à deux pas...

Chapitre VII :

A la conquête de la jument sacrée

Sous un soleil de plomb, dans l'après-midi de la deuxième journée, exténués et désespérés, les sept sections de guerriers se retrouvèrent tous par hasard, au pied d'une colline, au Sud-est de la forêt. Le prince Matiè, content de les revoir tous vivants, demanda d'observer une pause, de se nourrir et de reprendre les recherches.

Au moment où deux des guerriers s'apprêtaient à aller chasser du gibier, une de leurs sœurs d'armes aperçut soudain la jument sacrée au sommet de la colline, derrière un arbre qui la disputait à la vue des autres. Elle héla ses compagnons. Sans réfléchir, comme entrainés par le vent, avant même que leur commandant n'ouvre la bouche, ils se lancèrent tous vers la rançon du Village.

Surgis de nulle part, deux lions féroces rugirent et coupèrent net leur course. Les lions se jetèrent ensuite sur des proies étourdies, et avec une violence indescriptible, ils se mirent à déchiqueter tous ceux qui avaient le malheur d'être sur leur passage. Les balles, les flèches d'acier tirées à la sauvette, semblaient les exciter davantage. Devant ce spectacle affreux, le commandant resté en bas, ordonnait à ses hommes de battre retraite. Dans cette charge subite et irréfléchie, la troupe a perdu des dizaines de braves guerriers, qui eurent à peine le temps de réaliser ce qui leur tombait dessus. Ce fut un vrai massacre. Ils n'étaient plus que vingt quatre qui ont pu regagner la position du commandant au pied de la colline. Les deux lions, maculés de sang, ne s'occupaient plus des fuyards, ils achevaient leurs victimes encore agonisantes. Ils ne les mangeaient pas, ils les tuaient uniquement comme pour se venger d'un assaut sur leur tanière.

Au pied de la colline, après avoir réussi à regrouper et calmer ses hommes, le commandant Matiè organisa une position défensive, pendant qu'il méditait sur le sort de la mission. Dans cette introspection, un souvenir le réveilla.

Il se rappela qu'un soir, son grand père lui avait conté en privé l'histoire de deux lions féroces, qui en réalité étaient deux indomptables djinns jumeaux. Ces derniers avaient décimé, près de trois siècles auparavant, les 99 des 111 villages que comptait le royaume Bô.
Ces démons avaient apparu après la mort de son aïeul Tièbashi, et disparu après l'hécatombe. C'était la revanche des Ifrit sur les nombreuses batailles remportées par le Royaume de Bô contre leur clan et leurs alliés de Dogobafou.
Alors, si c'est eux qui ont enlevé la jument sacrée, c'est eux la météorite, conclut judicieusement Matiè.

Rongé par la peur à l'idée d'affronter les Ifrit, il prit une longue bouffée d'air, comme pour se libérer d'une emprise, et harangua ce qui lui restait de sa troupe :

- Reprenez-vous ! Mes frères ! [Il entonna le chant des braves] *Homme ! Tu as beau avoir peur, tu mourras ;*

Homme ! Tu as beau bravé, tu mourras ;

Tu mourras à la maison, tu mourras ;

Tu mourras à la guerre, tu mourras...

Mes frères ! Ressaisissez-vous ! Mourir aujourd'hui ou mourir demain, écrasé par la météorite, en quoi la différence ?

Nous avons une mission et nous avons fait serment de la réussir ou de mourir en essayant.

Tout ce qui vit respire, et tout se qui respire a un talon vulnérable, nous apprend la sagesse commune. Il n'y a que ces deux lions féroces, entre nous et la jument sacrée. Nous pouvons y arriver, pas par la force de nos fers, on a tous vu l'effet qu'ils font sur ces deux bêtes, mais par la force de la ruse et de l'unité. Rappelez-vous, si nous y arrivons quel qu'en soit le coût, nos familles vivront. Et si nous n'y arrivons pas, demain nous mourrons de toute façon...

Le prince-commandant repartit sa troupe en deux colonnes de 11 combattants, chargée chacune d'attaquer de front comme un seul homme un lion. Les deux autres guerriers restants, Yèrèdi et Timinandia, les plus vifs d'entre eux, furent chargés de remonter la colline par l'arrière, attraper la jument sacrée et la conduire immédiatement sans détour au Chef du Village, avec ce message : « *Les princes de Bô ont fait leur devoir, pour le salut national*» Eh ! Oui. Pour Matiè, tous ces hommes qui acceptèrent le sacrifice ultime sont devenus des princes de Bô.

Une fois les deux colonnes formées, avant de donner l'assaut, les hommes commencèrent à hésiter. Certains dirent que les dieux n'étaient pas si méchants à laisser mourir tout un pays, à cause de l'absence d'une jument, aussi sacrée soit-elle. Ils déplorèrent la superstition comme source de leur grand malheur. D'autres n'étaient plus d'accords avec le choix des deux émissaires Yèrèdi et Timinandia. Recherchaient-ils de meilleurs choix ou cherchaient-ils la parade à une mort certaine ? Les chuchotements devenaient de plus en plus audibles. Quelques hommes voulaient discuter les ordres du commandant, et ce au nom de la liberté d'opinion, comme aimaient à le rappeler certains.
Le temps, fidèle à sa liberté univoque, suivait son imperturbable chemin. Et on s'approchait de la tombée du soleil.

Devant la mort, les hommes sont parfois méconnaissables, l'instinct bestial prend facilement le dessus. Et ça, plus que quiconque les braves commandants de troupe le savent.

Pendant que la discussion devenait progressivement tintamarresque, le commandant Matiè fit signe au tandem Yèrèdi de partir, et aussitôt se lança-t-il seul vers l'un des lions en criant : « *Pour que vive Bô !* ».

Les deux lions bondirent ensemble contre lui. Frappé par ce spectacle désespéré, et de quel ordre ! Les hommes s'arrêtèrent de penser et tombèrent comme une tempête sur les deux démons. C'était affreux... Ils se sont battus avec leurs couteaux et leurs gourdins, sans peur et en anticipant parfois les bonds des fauves. Ces invulnérables n'étaient donc pas si invulnérables qu'ils le croyaient, puisque la peur changeait manifestement de camp.

Toutefois, au bout de quelques heures, plus personne n'était debout. Les lions aussi...

Ils gisaient dans leur sang, les ventres perforés à coups de d'os humains, et dans un élan désespéré, par le commandant et son dernier compagnon. Les deux lions moururent devant les deux braves hommes agonisants. La victoire ! Mais à leur tour, ils perdaient beaucoup de sang et n'avaient personne au secours.

La jument sacrée, quant à elle, échappa aux deux intrépides guerriers, qui la poursuivirent sans succès jusqu'au matin du troisième jour, où la calamité devait survenir. Yèrèdi et Timinidia, enfin, tachaient de s'approcher de la cité, pour y mourir près des leurs.

Cependant, la catastrophe tant redoutée ne survint point...
Aucune météorite ne tomba du ciel, durant toute la journée. Quand ils atteignirent la cité, le soleil s'était déjà couché. Non loin des portails, au milieu d'un pâturage, ils retrouvèrent seule la jument sacrée, et la conduisirent désespérément dans la ville.

Chapitre VIII:

Aux funérailles du Prince, proclamation d'une nouvelle République laïque

Sur leur chemin, dans les quartiers qu'ils traversèrent, ils ne rencontraient personne. Tout le monde était terré chez soi, en attendant fatalement une mort qui s'est égarée. C'était le crépuscule. La jument sacrée était là dans la cité, mais la journée du troisième jour, écoulée. Les deux braves hommes, Yèrèdi et Timinandia, révoltés par tant de sacrifices de leurs frères d'armes sous l'emprise d'une superstition fausse et meurtrière, se rendirent d'abord chez le Maître charlatan. Ils le trouvèrent dans sa case d'homme, les yeux hagards et fixés sur son ardoise de terre. Sans lui piper mot, ils le décapitèrent. Ensuite, ils se rendirent avec la jument sacrée chez le Chef du Village, et lui racontèrent toute leur mésaventure.

Après les avoir sagement écoutés, le Chef Babè avisa :

- Vous avez quand-même sauvé Bô des deux djinns féroces. Plus aucun Ifrit ne prendra en otage la jument sacrée et ne menacera le Village de Bô. Et ce, grâce au sacrifice de vos frères d'armes. Sans votre bravoure, Bô ne serait pas certes détruit par une météorite, mais il l'aurait été à coup sûr, par les deux djinns ifrit. Sans la prédiction du Maître charlatan, vous n'aurez pas su où les surprendre et les éliminer. Alors, vous n'aurez pas dû, de votre propre chef, le juger et le décapiter. Vous n'en aviez pas le droit, et vous le saviez.

    Votre cas sera décidé par le Conseil des Sages et vous encourez la peine de mort. En êtes-vous conscients ?

- Oui, répondirent-ils.

- Grand Maître, reprit Yèrèdi, votre excellence, les prophéties sont incorrectes, reconnaissez-le au moins. Il est temps de dissocier la gestion de l'Etat de ces élucubrations trompeuses. Vous le devez à votre fils, notre fierté…

- Je le dois à vous tous, mes fils !

Le Chef Babè cachait à peine son émotion. Il fit signe au commandant de la garde du palais de rentrer. Après lui avoir donné des explications, il intima l'ordre de mobiliser les gardes et les chevaux, pour récupérer les corps des guerriers tombés sur le champ d'honneur.

Le chef Babè, ensuite, accorda un sursis aux deux braves hommes, Yèrèdi et Timinandia, qui leur permit de regagner leurs familles, en attendant la convocation du Conseil des Sages.

Après le départ des survivants, Babè retourna dans sa chambre et éclata en sanglots. Son épouse l'ayant entendu, accourut le voir…Et les cris de celle-ci firent sortir tout le palais. Aussitôt, la nouvelle gagna comme d'habitude le reste de la cité. Le Maître griot et le Coordonnateur du Conseil des Sages vinrent sans convocation au palais.

Le Chef Babè, l'air abattu, les reçut quand-même et leur fit le récit de la victoire des deux rescapés. Il demanda ensuite au Maître griot de convoquer, le lendemain matin le grand Conseil du Village (instance informelle), réunissant en congrès le Conseil des Sages et son propre Conseil cheffale ; et d'annoncer aux populations que les funérailles publiques des héros de Bô s'en suivront.

Quand le bonheur et le malheur s'accouplent, le cœur humain tend à prendre le rythme du second.
Ainsi, à Bô, cette nuit fut longue, très longue. Presque, chaque tribu avait perdu un être cher, son premier né. Les gens s'interrogeaient mutuellement sur les circonstances de leur mort, sans succès. La victoire sur les Ifrit semblait moins importante que la façon dont ces héros sont morts. Les maisons de Yèrèdi et Timinandia étaient pris d'assaut par les plus curieux. La nouvelle de la mise à mort du

Maître charlatan réconfortait beaucoup d'entre eux. Le récit de bravoure et du sacrifice du prince Matiè et des siens, tout le monde s'en réjouissait.

Au matin, vers 9 heures, le congrès se réunit. Le Chef Babè leur fit un résumé du récit de la bataille des premiers nés de Bô contre les djinns Ifrit, et leur promit des détails lors des oraisons funèbres des deux héros rescapés. Il leur annonça également les décisions qu'il entendait prendre, pour imprimer une nouvelle dynamique en la gouvernance de l'Etat. Toutes ses propositions furent approuvées. Et le Congrès disposa.

Plus tard, quand le soleil entama son déclin, l'heure des funérailles sonna. Sur la place publique, devant les corps des 75 guerriers en linceul, hommes et femmes, morts pour le salut de Bô, le Maître griot demanda à Yèrèdi de prendre la parole, pour décrire comment la bataille a été menée et gagnée contre les djinns Ifrit, incarnés en lions féroces et invulnérables aux armes de combat.

Yèrèdi a pris la parole et en a fait un récit épique. Les populations présentes étaient tiraillées entre larmes et cris de gloire.

Après son conte, le Chef Babè prit la parole à son tour :

- Peuple de Bô ! Voilà seulement trois jours, que nous accompagnâmes ces braves guerriers aux portails de la cité, pétillants de vie et de force. Les voilà, aujourd'hui, gisant devant nous, inertes mais fiers. Fiers d'avoir accompli leur mission dont ils connaissaient les enjeux et les dangers, et pour laquelle ils n'ont pas hésité à faire le sacrifice ultime. Vous avez tous entendu le rapport émouvant du brave guerrier Yèrèdi, dans lequel il rapporte les propos vaillants de leur commandant, mon fils aîné Matiè, au moment de donner l'assaut final : « Pour que vive Bô ! » C'était à ses combattants, son dernier mot.

Pour que vive Bô, aucun sacrifice n'est de trop. Pour protéger la vie de ses concitoyens, le dirigeant s'offre en bouclier s'il le faut. Le prince Matiè n'a fait que son devoir. En commandant, il devait donner l'exemple. Et il fut suivi en cela...

Comment face à tant de preuves d'abnégation, de patriotisme, de sacrifice et d'amour, un citoyen digne de Bô pourrait encore se dérober à ses devoirs de frère, de sœur, d'époux, d'épouse, d'ami, de voisin, de Chef, de citoyen tout court ?

[Applaudissements du public]

Peuple de Bô ! Ces jeunes gens ont joué leur partition, avec mérite. A nous, de jouer la nôtre, à la même hauteur. Ces 77 héros représentent ce qu'il y a de meilleur en nous. Ils ont gagné leur place dans la glorieuse histoire de Bô. Que leur récit soit désormais conté partout dans les 21 hameaux, et au-delà ! Que leur histoire inspire les hommes au-delà de leur différence, à savoir, que l'obstacle n'est jamais trop grand à cœur vaillant et solidaire.

[Applaudissements du public]

Peuple de Bô ! J'ai tenu ce matin, un congrès avec les leaders de Bô. J'ai pris de graves décisions, que je m'en vais vous annoncer :

> ➤ En premier lieu, l'Etat ne reconnaitra ni ne consacrera plus aucune fonction de charlatan, et ses décisions seront prises en

fonction des faits et selon les prérogatives des autorités concernées ;

➤ L'exercice et la promotion du charlatanisme en public sont prohibés, compte tenu de sa complexité et pour atténuer ses effets néfastes sur les esprits faibles ;

➤ Une commission scientifique sera mise en place, pour étudier le charlatanisme et l'interprétation des signes, en vue de décider en définitive de son interdiction pure et simple ou pas ;

➤ Des mesures objectives seront élaborées pour assurer notre sécurité ; de nouvelles armes et de nouvelles tactiques seront à l'étude, pour ce faire.

La jument sacrée est un symbole de notre culture ; mais notre sécurité et notre survie ne sauraient reposer sur elle ;

➤ Les cérémonies cultuelles ne seront plus organisées par l'Etat ; la religion est séparée de l'Etat sans être en conflit avec elle;

➤ Un observatoire astrologique international sera ouvert à Bô, et conduit par le Maître astrologue et géologue Dianfouné DOGOU ; il mettra à contribution toutes les expertises de la région en la matière ;

➤ Au retour des batailles, les combattants devront faire l'objet d'une prise en charge psychologique immédiate et gratuite ;

> Il n'y aura plus de discrimination sexuelle quand à l'octroi d'un emploi ; le plus méritant devra l'obtenir ;

> Enfin, les travaux de construction des caniveaux devront être avancés et terminés avant le début de l'hivernage ;

> Il sera institué un fonds de solidarité pour les victimes des catastrophes naturelles ; et ce fond sera géré par l'une d'elles tirée au sort.

Peuple de Bô ! Ce décret prendra effet immédiatement après l'enterrement. Il fera l'objet d'un communiqué à travers tout le pays, par les soins du Maître griot.

Peuple de Bô ! Nos héros ne sont pas morts. Ils vivront à jamais dans nos mémoires.

Que Dieu veille sur Bô !

Après ce discours, les corps furent transportés par la garde cheffale, au rythme des tambours et des chants populaires, jusqu'au cimetière commun.

Quelques semaines plus tard, les décisions annoncées par le Chef Babè soulevèrent de vives controverses au sein des populations. Certains continuèrent à croire que la jument sacrée les avait sauvés de la météorite, d'autres pensaient qu'elle les avait plutôt sauvés des deux lions féroces et démoniaques…

En un peuple inculte, les superstitions ont la vie dure. Les vrais héros de la légende des 77, les princes de Bô, seuls les sages entretinrent cette mémoire dans leurs cercles restreints.

Cependant, le Chef Babè s'attelait dans la préparation du Village de Bô, à faire désormais face au pire. Voilà, à l'en croire, le sens implicite du message envoyé par le prince Matiè aux autorités du Village :

« *Le SALUT est dans l'ANTICIPATION* ».

TABLE DES MATIERES

Chapitre I :
Décor du Village-Etat 9

Chapitre II :
Campagne électorale pour un nouveau Chef 17

Chapitre III :
Le Chef du Village renoue avec la tradition
et réinvente le bouclier occulte 57

Chapitre IV :
La jument sacrée disparaît 81

Chapitre V :
Le Maître charlatan et la frasque
d'une météorite 103

Chapitre VI :
Le prince Matiè et sa troupe de guerriers 111

Chapitre VII :
A la conquête de la jument sacrée 117

Chapitre VIII:
Aux funérailles du prince, proclamation
d'une nouvelle République laïque 123

Structures éditoriales du groupe L'Harmattan

L'Harmattan Italie
Via degli Artisti, 15
10124 Torino
harmattan.italia@gmail.com

L'Harmattan Hongrie
Kossuth l. u. 14-16.
1053 Budapest
harmattan@harmattan.hu

L'Harmattan Sénégal
10 VDN en face Mermoz
BP 45034 Dakar-Fann
senharmattan@gmail.com

L'Harmattan Cameroun
TSINGA/FECAFOOT
BP 11486 Yaoundé
inkoukam@gmail.com

L'Harmattan Burkina Faso
Achille Somé – tengnule@hotmail.fr

L'Harmattan Guinée
Almamya, rue KA 028 OKB Agency
BP 3470 Conakry
harmattanguinee@yahoo.fr

L'Harmattan RDC
185, avenue Nyangwe
Commune de Lingwala – Kinshasa
matangilamusadila@yahoo.fr

L'Harmattan Congo
67, boulevard Denis-Sassou-N'Guesso
BP 2874 Brazzaville
harmattan.congo@yahoo.fr

L'Harmattan Mali
ACI 2000 - Immeuble Mgr Jean Marie Cisse
Bureau 10
BP 145 Bamako-Mali
mali@harmattan.fr

L'Harmattan Togo
Djidjole – Lomé
Maison Amela
face EPP BATOME
ddamela@aol.com

L'Harmattan Côte d'Ivoire
Résidence Karl – Cité des Arts
Abidjan-Cocody
03 BP 1588 Abidjan
espace_harmattan.ci@hotmail.fr

Nos librairies en France

Librairie internationale
16, rue des Écoles
75005 Paris
librairie.internationale@harmattan.fr
01 40 46 79 11
www.librairieharmattan.com

Librairie des savoirs
21, rue des Écoles
75005 Paris
librairie.sh@harmattan.fr
01 46 34 13 71
www.librairieharmattansh.com

Librairie Le Lucernaire
53, rue Notre-Dame-des-Champs
75006 Paris
librairie@lucernaire.fr
01 42 22 67 13